Theodor Elze

**Die Superintendenten der evangelischen Kirche in Krain**

während des sechzehnten Jahrhunderts

Theodor Elze

**Die Superintendenten der evangelischen Kirche in Krain**
*während des sechzehnten Jahrhunderts*

ISBN/EAN: 9783744621472

Hergestellt in Europa, USA, Kanada, Australien, Japan

Cover: Foto ©Lupo / pixelio.de

Weitere Bücher finden Sie auf **www.hansebooks.com**

# Die
# Superintendenten
### der
# evangelischen Kirche in Krain
### während des
## sechzehnten Jahrhunderts.

Von

## Theodor Elze,

evangelischem Pfarrer in Laibach.

## Wien.
Druck von Carl Gerold's Sohn.
1863.

Seiner Hochwürden

# Herrn Gottfried Franz,

k. k. evangel. Ober-Kirchenrathe, Superintendenten und Pfarrer in Wien, Ritter
des k. preuß. rothen Adler-Ordens u. s. w.,

zur

fünfundzwanzigjährigen Feier seines oberhirtlichen Amtes

am 30. Januar 1863

gewidmet

von der evangelischen Gemeinde

in

Laibach.

# Euer Hochwürden!

Indem Ihnen zu diesem festlichen Tage die gehorsamst Unterzeichneten im Namen der von ihnen vertretenen Gemeinde die aufrichtigsten und ergebensten Wünsche aussprechen, bringen sie Ihnen zugleich hiermit zum Denkmal einer so seltenen Feier dieses Zeichen ihrer Verehrung und Anhänglichkeit dar. Die nach= folgenden Blätter enthalten die Lebensbilder jener Männer, welche im sechzehnten Jahrhundert an der Spitze der evangelischen Kirche in Krain standen und durch ihr Kämpfen und Dulden für die= selbe den Nachkommen ein erhebendes Beispiel und einen ruhm= vollen Namen hinterlassen haben. Wenn es uns gestattet ist an diese Bilder aus einer untergegangenen Zeit 'die Geschichte der unsrigen wieder anzuknüpfen, so erscheinen Euer Hochwürden in unserm Jahrhunderte zuerst durch die Anordnung des Monarchen und dann neuerdings durch die beispiellos einmüthige Wahl der Glieder dieser Diöcese als jener Männer erster, nicht unwürdiger Nachfolger. Denn wie verschieden auch der Charakter unserer

Tage von jenem des Reformationszeitalters sein mag, so haben doch Euer Hochwürden gemäß den gegenwärtigen Verhältnissen in nicht weniger segensvoller Weise für die Wiederaufrichtung der evangelischen Kirche in Krain gewirkt. Das wollen die Lebenden hiermit auch der dankbaren Erinnerung nachkommender Geschlechter überliefern. Der Gnade Gottes befehlen wir Euer Hochwürden und uns, unsere Gemeinde und die ganze evangelische Kirche.

Laibach, im Januar 1863.

Th. Elze,
Pfarrer.

Franz Eder.
Nicolo Karl.
William Moline.
Alexander Schneider.
Ludwig Wahl.
Ernst Wernicke.

# Vorwort.

Nicht eine ausführliche und vollständige Geschichte der evangelischen Superintendenten in Krain während des sechzehnten Jahrhunderts — denn das wäre zugleich fast eine vollständige Geschichte der evangelischen Kirche in diesem Lande überhaupt — sondern möglichst vollständige Lebensbilder derselben zu geben, ist die Absicht dieser Schrift. Wie schwierig diese Aufgabe ist, weiß Niemand besser als der Verfasser selbst, der sich nun seit mehr als zehn Jahren mit der Erforschung dieses bisher so unbekannten Theiles der evangelischen Kirchengeschichte beschäftigt hat. Was die wenigen Vorgänger auf diesem Gebiete: Valvasor in seiner Ehre des Herzogthums Krain, Walbau in seiner Geschichte der Protestanten in Oesterreich, Steiermark, Kärnthen und Krain, Schnurrer in seinem slavischen Bücherdruck in Würtemberg, Dobrowsky im Slavin, Sillem in seinem Primus Truber, geboten haben, wurde zwar treulich benützt, aber ein einziger vergleichender Blick genügt um zu zeigen, wie wenig sich aus ihnen benützen ließ. Immer bleiben noch die meist aus Acten geschöpften Berichte Valvasor's und Schnurrer's das Beßte, was bis jetzt hierüber gedruckt ist. Daran reihen sich noch einige Veröffentlichungen in den Mittheilungen des historischen Vereins für Krain und im Notizenblatte der kais. Akademie der Wissenschaften in Wien, so wie Einzelnes aus Radics' Herbart von Auersperg, Hurter's Ferdinand II., Sixt's Vergerius und Strauß' Frischlin. Aber auch hier ist vieles so unrichtig, einseitig und unzuverlässig, daß d er Geschichtsforscher sich meist auf die eigene Durchforschung der Documente angewiesen sieht. Auf dieser beruht auch weitaus das Meiste der nachfolgenden Arbeit, und insbesondere muß darauf aufmerksam gemacht werden, daß, wo diese Darstellung von Balvasor, Schnurrer und Rabics (der Uebrigen nicht zu gedenken) abweicht, dieß stets auf genauester Benützung der vorfindlichen und zugänglichen Urkunden beruht.

Wenn die festliche Veranlassung die Erscheinung dieses Vorläufers eines größern Werkes erklärt, so möge das spärliche Maß der Zeit, welche bei angestrengtester praktischer Amtsthätigkeit fast nur von den Stunden der Ruhe hiefür erübrigt werden konnte, die geringe Vollkommenheit dieser Arbeit entschuldigen.

Th. Elze.

# 1. Primus Truber.

Wie durch alle Gauen des deutschen Reiches und weit über dessen Grenzen hinaus, war der Nachhall der durch Luther und Zwingli begonnenen Kirchenreformation frühzeitig schon auch nach Krain gedrungen. Bereits 1527 fand sich ein Kreis evangelisch gesinnter Männer geistlichen und weltlichen Standes in Laibach, welche sich um Mathias Klombner, einen angesehenen Mann und später (4. Juli 1530) Landschrannenschreiber (d. i. Hofrechtssecretär) in Krain, schaarten. König Ferdinand ließ deßhalb auch hier seine durch mittelalterliche Strenge berühmten Ofener Generalien (vom 20. August 1527) publiciren, jedoch mit nicht besserem Erfolge als in den andern österreichischen Erbländern. Visitations-Commissionen, landesfürstliche und bischöfliche Edicte gegen die Ketzer und den Verkauf lutherischer Bücher beweisen, daß die evangelische Gesinnung in den beiden nächstfolgenden Jahren immer mehr sich ausbreitete.

Da begann im Jahre 1530 ein junger krainischer Priester in Unterkrain und Untersteier öffentlich gegen Mißbräuche in der katholischen Kirche zu predigen. Primus Truber, so hieß derselbe, war (vermuthlich am 8. Juni) 1508 zu Raschiza bei Auersperg in Krain geboren, ein Unterthan und Erbhold des altberühmten Geschlechts der Freiherren, später Grafen und Fürsten von Auersperg. Noch ziemlich jung, war er, um sich höhere Bildung zu erwerben, nach Salzburg und Wien gegangen und hatte dort die Schulen besucht, obschon er so arm war, daß er sich (wie Luther) vielfach sein Brot ersang und erbetteln mußte. Seine Mittellosigkeit war wol Ursache, daß er nicht auf der Universität studiren und somit sich auch keine Kenntniß der griechischen und hebräischen Sprache erwerben konnte. Bereits 1527 kehrte er daher in seine Heimath zurück und begab sich nach Triest zum Bischof Peter Bonomo, welcher ihn als „Discantisten" in seine Cantorei aufnahm und ihm von da an ein väterlicher Gönner und Freund wurde. Hier vollendete Truber seine geistliche Aus-

1

bildung, wurde dann durch den Einfluß seines Beschützers Kaplan bei St. Maximilian zu Cilli (1530), wo die Kaplanei 1532 abbrannte, und erhielt später die sehr vernachläſſigte Pfarrei zu Lack bei Ratschach und die zu Tüffer. Nun begab es ſich damals, daß in jener Umgegend einige übel berüchtigte Weiber auftraten, Erſcheinungen der Jungfrau Maria, des heiligen Rochus und anderer Heiligen vorgaben, und verlangten, daß zu Ehren derſelben bald hier, bald dort in Unterkrain und Unterſteier Kirchen gebaut werden ſollten, wenn man nicht Peſt, Hagel, Hungersnoth und andere Landplagen fürchten wolle. Das einfältige Volk opferte nicht nur reichlich jenen Heiligen, ſondern erbaute ihnen auch mit großen Koſten an den bezeichneten Stellen Kirchen, wozu die Mönche eben nicht ſcheel ſahen. Gegen dieſes Unweſen erhob ſich Truber, obwol anfänglich noch treu an der katholiſchen Kirche und an der Meſſe feſthaltend, und begann in ſeinen Predigten das Volk zur rechten Buße und zur Erkenntniß des alleinigen Heilandes Jeſu Chriſti mit deutlichen Zeugniſſen der heiligen Schrift und nach Anleitung des chriſtlichen Katechismus hinzuweiſen. Einige andere Geiſtliche ſchloſſen ſich ihm zwar an, allein um ſo mehr wurden die Mönche, beſonders die Barfüßer, ſeine Feinde. Am 17. Juli 1530 erließ der Landeshauptmann in Krain, Ritter Hans Kazianer, einen ſtrengen Befehl, daß einige der lutheriſchen Secte Angehörige, „welche neben andern ketzeriſchen Artikeln wider das hochwürdige Sacrament unſeres Seligmachers und wider die hochgelobte Königin Jungfrau Maria in Winkeln heimlich predigen", gefänglich eingezogen werden ſollten. Truber's Name war dabei zwar nicht genannt, vermuthlich aber gemeint. Doch war Truber damals noch kein fertiger evangeliſcher Prediger. Er war ja nicht durch das Studium reformatoriſcher Schriften, ſondern durch ſeinen eigenen ernſt chriſtlichen Sinn auf die reformatoriſche Bahn getrieben, wie Luther ſelbſt beim Unfug des Ablaßhandels. Wol mögen die Erfahrungen zu Salzburg und Wien, wo Paul Speratus 1522 öffentlich in evangeliſcher Weiſe, beſonders gegen das Cölibat der Geiſtlichen, gepredigt und Caspar Tauber zu Wien 1524 das evangeliſche Bekenntniß mit dem Tode beſiegelt hatte, manches Samenkorn in des Jünglings Bruſt geſtreuet haben. Doch mußte er erſt in ſich ſelbſt allmählich eine Reformation durchmachen, wozu ihm ſpäter wol auch die Schriften der deutſchen Reformatoren mithalfen.

So ist es denn erklärlich, daß Truber trotz des erwähnten Befehls im Dome der Hauptstadt des Landes, zu Laibach selbst, wohin ihn vielleicht gerade der Ruf seiner Predigten geführt hatte, im folgenden Jahre (1531) predigte. Da er hier jedoch gegen die Chelosigkeit der Geistlichen und die Austheilung des Abendmahls unter Einer Gestalt öffentlich auftrat, und über diese beiden, damals fast die ganze christliche Welt bewegenden Fragen sich in evangelischer Weise aussprach, so wurde ihm vom Laibacher Bischofe Christoph Freiherrn von Rauber (1497—1536), welcher sich damals als königlicher Statthalter in Oesterreich zu Wien aufhielt, untersagt, ferner im Dome zu predigen. Doch durfte er unter der Begünstigung der Stände des Landes und der Bürgerschaft der Stadt in der unter dem Patronat der letztern stehenden städtischen Spitalskirche der heiligen Elisabeth seine mit großer Begierde gehörten Predigten fortsetzen. Hier wirkte Truber bis 1540 ungestört und mit großem Segen zur Ausbreitung und Befestigung des evangelischen Bekenntnisses. Der größte Theil des Adels und fast die gesammte Bürgerschaft der Stadt schlossen sich demselben an. Um den schon genannten Landschrannenschreiber Math. Klombner schaarten sich nicht nur hervorragende Weltliche, wie Leonhard Budina, der gelehrte Schulmann, Georg Saerter, 1533 und 1541 Stadtrichter zu Laibach, Hans Kisel, Sohn des Stadtrichters und Bürgermeisters Veit Kisel, und später (1567—68) selbst Landesverweser, kaiserlicher Rath, innerösterreichischer Hofkammerpräsident, Kriegszahlmeister an der kroatischen und Meergrenze u. s. w., Martin Pregl, später Stadtrichter (1559 — 60) und Bürgermeister (1563) von Laibach, Ulrich Roburger, später (1570—80) Landschrannenschreiber, Lukas Zweckel, ein Kaufmann und Truber's Schwager, Andr. Foresto, Ab. Concili, Christ. Prunner und Andere, sondern auch Geistliche, wie die drei Domherren Dr. Leonhard Mertlitz, schon 1520 Domherr, 1534 Dompropst und Archidiakonus von Rabmannsdorf (Oberkrain), Georg Dragolitz, Generalvicar, und Paulus Wiener, schon 1520 Domherr, Generalvicar und bischöflicher Rath, Mitglied des geistlichen Standes im Landtage und dessen engern Ausschusses, Verordneter (1540 u. fg. J.), 1546 königlicher Commissär beim Landtage u. s. w. Der letztere predigte nicht nur neben Truber in der Elisabethkirche seit 1536 evangelisch, sondern hatte sich auch verheiratet.

1 *

Um dieß gehörig zu würdigen, muß man sich vergegenwärtigen, wie groß die Verbreitung evangelischer Ideen und Gesinnungen selbst unter der höhern katholischen Geistlichkeit dieser Gegenden war. Nicht allein billigten der erwähnte Bischof Rauber von Laibach und sein Nachfolger Franz Kazianer (1536 bis 1544), ein Bruder des früher genannten Landeshauptmanns von Krain, so wie Bischof Peter Bonomo von Triest (1501—46) in ihrem Gewissen den Genuß des Abendmahls unter beiderlei Gestalt, obschon sie denselben öffentlich nicht gestatteten, sondern P. P. Verger, Bischof von Capo d'Istria, gewesener päpstlicher Nuntius und Legat, und sein Bruder Joh. Bapt. Verger, Bischof von Pola, traten 1545 auch förmlich zur evangelischen Kirche über, während Bonomo's Nachfolger Franz II. Rizzano, Bischof von Triest (seit 1547), bereits 1548 wegen Theilnahme an der Reformation sogar abgesetzt und vertrieben wurde.

In Folge eines durch den Landeshauptmann Nikolaus Juritschitsch erwirkten königlichen Erlasses mußte sich Truber 1540 zwar auf einige Zeit von Laibach auf die ihm verliehene Pfarrei Lack zurückziehen, wurde jedoch 1542 vom Bischof Kazianer zum Domherrn ernannt und blieb nun wieder andauernd in Laibach.

Selbst der Nachfolger des Bischofs Kazianer, Bischof Urban Textor (1544—58), der mit Ignaz von Loyola und dessen Begleiter Claudius Jajus in vertrauter Verbindung und Briefwechsel stand, übertrug im Beginne seiner bischöflichen Verwaltung die deutschen und windischen Predigten im Dome zu Laibach den beiden Domherren Truber und Wiener, und verlieh (1546) Trubern die Pfarrei zu St. Bartholomäenfeld in Unterkrain, welches noch heute im Munde des Volkes bisweilen „luteranska vas" (d. i. lutherisches Dorf) genannt wird. Als er jedoch in Erfahrung gebracht hatte, daß diese beiden Männer insgeheim das Abendmahl unter beider Gestalt austheilten, und Paul Wiener nach dem Tode seiner ersten Gattin sich zum zweiten Male verheiratet hatte, benützte er die Gelegenheit nach Beendigung des schmalkaldischen Krieges, als König Ferdinand von Wien zum Reichstage nach Augsburg abgereist war (August 1547), um die Häupter des evangelischen Bekenntnisses in Krain: Mertlitz, Dragolitz, Klombner, Pregl, Concili und Wiener, gefänglich einzuziehen. Auch Trubern sollte dieses Loos treffen. Da er aber gerade in seiner Pfarrei St. Bartholomäenfeld abwesend war und von seinen Freunden rechtzeitig von der drohenden Gefahr benachrichtigt wurde, so entzog er sich auf ihren Rath derselben und begab sich an „sichere Orte." Sein Haus in Laibach jedoch wurde mit Gewalt erbrochen, seine darin befindliche Büchersammlung weggenommen und verbrannt, und er selbst mit der Excommunication belegt. Vermuthlich begab sich Truber in dieser Zeit nach Triest, wo er (unter dem evangelisch gesinnten Bischof Franz II. Rizzano) eine Zeit lang windischer Prediger war. Im folgenden Jahre (1548) kehrte er zwar auf die in Folge demüthiger Bitten der Stände vom König Ferdinand ertheilte Erlaubniß nach Laibach zurück, verließ aber, wahrscheinlich weil er das mit jener Erlaubniß verknüpfte Verbot zu predigen nicht zu halten vermochte, noch im selben Jahre mit einigen Gesinnungsgenossen Laibach und Krain gänzlich und ging nach Oberdeutschland.

In Nürnberg fand Truber freundliche Aufnahme bei Veit Dietrich, auf dessen Empfehlung er alsbald (1548) Frühprediger in Rotenburg an der Tauber wurde. Hier verheiratete er sich zum ersten Male. Auch in der Ferne konnte er des Vaterlandes und seiner Landsleute nicht vergessen und, um wenigstens etwas Gutes für dieselben zu wirken, versuchte er hier zuerst seine Landessprache, das Krainische (Windische), in Schrift darzustellen. Nach manchen Bemühungen gelang ihm dieß endlich. Jedoch machte ihm die durch das Interim hervorgerufene strenge Aufsicht auf die Druckereien neue Schwierigkeiten bei Veröffentlichung seiner ersten Arbeiten. Nach vergeblichen Versuchen in Nürnberg und Schwäbisch Hall, wo man aus Besorgniß den Druck in der unbekannten Sprache verweigerte, gelang es ihm endlich 1550 zu Tübingen das erste Buch in krainischer Sprache, einen Katechismus in 8°, unter einem erdichteten Namen drucken zu lassen, desgleichen zwei Abecedarien (Fibeln), eines in deutscher, das andere in lateinischer Schrift, von denen das eine auch eine Uebersetzung des kleinen Brenzischen Katechismus darbot, und noch einen Katechismus vslovenskim jesiku in 16°, welcher Luthers kleinen Katechismus vermehrt aus Melanchthon, Urban Rhegius und dem großen Brenzischen Katechismus enthielt. Obwol seine Freunde in Laibach, mit denen er fortwährend in Briefwechsel stand, eine krainische Postille von ihm begehrten, hielt er doch für jetzt mit weitern Arbeiten dieser Art

Inne. Dazu mochte vielleicht auch seine Uebersiedlung nach
Kempten, wo er (1552) Pfarrer geworden war, beitragen. Erst
auf Veranlassung P. P. Berger's wandte er sich wieder dieser
Thätigkeit zu und begann seine Uebersetzung des Neuen Testa=
ments; 1555 erschien das erste Evangelium (zu Tübingen), 1557
der erste halbe Theil des Neuen Testaments (Tübingen, 4°, ent=
haltend die Evangelien und die Apostelgeschichte), Anfangs 1560
ebenfalls zu Tübingen der andere halbe Theil des Neuen Testaments (enthaltend den Brief an die Römer), mit einer Widmung
an König Maximilian vom 1. Januar 1560. Allein es erhoben
sich neue Schwierigkeiten und Hindernisse für dieses Unternehmen,
indem der Verfasser theils aus Berger's Veranlassung schwär=
merischer und zwinglischer Ansichten beschuldigt, theils von Dr.
Paul Scalichius, welchem König Maximilian diese Bücher
zur Durchsicht übergeben hatte, in der Sprache und Orthographie
derselben getadelt wurde. Truber überwand jedoch alle diese
Schwierigkeiten; der Druck in Tübingen wurde ihm vom Herzog
Christoph von Würtemberg wieder gestattet und er konnte
sogar noch weiter gehende Plane ihrer Verwirklichung entgegen=
führen. Stephan Consul, ein aus Krain um des evangelischen
Bekenntnisses willen vertriebener Priester, welcher damals in Re=
gensburg lebte und sich und seine Familie durch Schulhalten er=
nährte, hatte nämlich ohne Truber's Vorwissen begonnen dessen
krainische Uebersetzung in die kroatische (serbische) Sprache mit
glagolitischer Schrift zu übertragen und war (im Sommer 1559) mit
der Handschrift nach Möttling in Unterkrain gereist, um sie
von Sprachkundigen prüfen zu lassen. Da deren Urtheil durchaus
lobend ausgefallen war, wandte er sich nach seiner Rückkehr an
Truber und den Freiherrn Hans Ungnad von Sonegg,
mit welchem Truber jetzt (August 1560) in nähere Verbindung
und Rechnung trat. Dieser höchst angesehene und einflußreiche
Mann (geb. 1493, gest. 1564), welcher in seinen frühern Jahren
den Kampf gegen die Türken zu seiner Lebensaufgabe gemacht,
hatte seine Stellung als Landeshauptmann von Steiermark nieder=
gelegt, um ungestört seiner evangelischen Ueberzeugung leben zu
können. Nach einigem Aufenthalte zu Wittenberg kehrte er
zwar nach Steiermark zurück, verließ jedoch unter Aufgebung aller
seiner Ehrenstellen seine Heimat gänzlich, weil König Ferdinand
(1557) den dortigen Ständen befahl, entweder bei der Religion

des Landesfürsten zu verbleiben, oder ihre Güter zu verkaufen und das Land zu verlassen. Er begab sich nun nach Würtemberg und nahm seinen Aufenthalt in Urach, wo er seine letzten Lebens= jahre insbesondere der Errichtung und Erhaltung einer Anstalt zur Uebersetzung und zum Druck der Bibel in kroatischer Sprache wid= mete, bei welcher fortan Primus Truber der Leiter, Stephan Consul und Anton Dalmata die vorzüglichsten Mitarbeiter wurden, und auch Andere, wie Georg Zwetzitsch und Georg Juritschitsch, zeitweise beschäftigt waren.

Während Truber selbst in der Fremde so nach Kräften für das Wohl seiner Landsleute zu wirken bemüht war, hatten inzwischen die Zustände in seiner Heimat keine erfreulichere Wen= dung genommen. Zwar hatten sich die Anhänger des evangelischen Bekenntnisses nicht vermindert, aber es fehlte doch an öffentlichen evangelischen Predigern. König Ferdinand hatte wol auf drin= gendes Bitten der Stände (im Januar 1556) das strenge Ge= neralverbot der Communion unter beiderlei Gestalt in den öster= reichischen Erblanden zurückgenommen und somit diese indirect ge= stattet, jedoch wollten die Geistlichen dieselbe auch den Todtkranken nicht reichen. Alle Klagen der krainischen Landstände beim Landes= fürsten über die Lebensweise der katholischen Geistlichen und den Mangel an bessern Predigern, alle Befehle des Königs, gute Pre= diger (und nicht bloß windische für das gemeine Volk) besonders in Laibach anzustellen, blieben fruchtlos. Durch das ganze Jahr, selbst an den hohen Festen, war in Laibach keine Predigt zu hören, und wenn dieß ja einmal der Fall war, so geschah es „von jungen und frechen Leuten", welche sich nicht entblödeten unter Anderm auszusprechen, daß diejenigen, welche das Abend= mahl unter beiderlei Gestalt begehrten, unter dem Galgen begraben werden sollten, worüber sich die Landstände, jedoch vergeblich, beim Könige beschwerten.

Diese Umstände bewogen endlich die krainische Landschaft zu dem Entschluß, sich auf ihre Unkosten einen eigenen Landschafts= prediger anzustellen und zu erhalten. Natürlich waren alsbald Aller Gedanken auf Truber gerichtet, welcher denn auch von den im Landesausschusse versammelten Herren und Landleuten (am 10. Juni 1560) auf diese Stelle nach Laibach zurückberufen wurde, mit dem Versprechen, ihm einen gleichen oder höhern Ge= halt zu geben, als er damals in Kempten hatte, denselben ihm

auch dann weiterzuzahlen, wenn er etwa auf Betreiben der Wider-
sacher seine Stelle und Krain wieder verlassen müßte, und ihn
unter allen Umständen nach ihres Leibes, Verstandes und Guts
Vermögen nicht zu verlassen. Gleichzeitig wandte man sich an
Bürgermeister und Rath der Stadt Kempten mit der Bitte um
freundliche Entlassung Trubers. Diese riethen ihrerseits Trubern, sich vor Annahme dieses Berufes darüber erst mit verstän-
digen und frommen Leuten zu berathen. Truber, welcher bei
sich selbst alsbald entschlossen gewesen war diesen Beruf anzunehmen, auch wenn er des andern Tages nach seiner Ankunft in Laibach „gehenkt oder verbrannt werden sollte", gab doch dem ver-
nünftigen Rathe der Herren von Kempten nach, und unternahm
zu dem Ende eine Reise nach Würtemberg. Die Rathschläge der
Geistlichen von Ulm und Memmingen, Brenzens und der
geistlichen Räthe zu Stuttgart, der Prediger und Professoren
zu Tübingen und des hier lebenden Vergerius lauteten verschieden. Noch von Stuttgart aus richtete Truber in dieser Angelegenheit Schreiben an den Herzog Christoph von Würtemberg
(13. Juli) und auf dessen Rath an König Maximilian (15. Juli).
Nach seiner Rückkehr erklärten die Herren von Kempten in einem
Schreiben an die krainischen Stände (23. Juli) sich bereit, Trubern zu entlassen, falls er die Berufung annehme. Truber
selbst schrieb an den ständischen Ausschuß in Krain (25. Juli),
daß die Herren sich die Sache noch einmal überlegen möchten,
dann möchten sie um ihn schicken, zu welcher Zeit es ihnen gelegen wäre, man werde ihn jederzeit willig finden der krainischen
Kirche zu dienen. Auch erneuerte er nochmals sein früheres Schreiben an König Maximilian (27. Juli). Inzwischen ließ er das
begonnene Unternehmen mit dem kroatischen Drucke nicht ruhen,
sondern traf mit Stephan Consul die Verabredung, gleich nach
den nächsten Weihnachtsfeiertagen die erste Probe mit demselben
in Tübingen zu machen. Mitten unter diesen Sorgen und Arbeiten empfing er aber am 2. December ein Schreiben des ständischen Ausschusses in Krain (vom 1. Oktober), worin derselbe
nach Erwägung aller Bedenken die geschehene Berufung und die
gemachten Versprechungen wiederholte, während ein anderes Schreiben aus Laibach (vom selben Tage) den Herren von Kempten für
ihre freundliche Bereitwilligkeit dankte.

Truber sagte daher seine Stelle in Kempten bis Ende

Januar nächsten Jahres auf und eilte nach Neujahr 1561 nach Tübingen, um dort den Druck seiner krainischen Uebersetzung der zwei Briefe an die Korinther und des Briefes an die Galater in Gang zu bringen, und mit Stephan Consul den Druck in glagolitischer Schrift mit einer kroatischen Uebersetzung des Katechismus zu erproben. Als er aber am 9. Januar in Tübingen ankam, traf er Consul schwer krank, so daß er, überhäuft von den auf ihn zusammenstürmenden Anforderungen, fast rathlos dastand. Er begann den krainischen Druck der genannten Briefe, und erwog mit seinen Freunden, besonders auch mit Herrn Ungnab, welcher von Urach herübergekommen war, was zu thun sei. Auf deren Rath schrieb er an die Herren und Landleute in Krain (26. Januar), sie möchten doch um Gottes und der Wohlfahrt der kroatischen Kirche willen bei der gegenwärtigen Arbeitsunfähigkeit Consuls ehestens ein oder zwei Kroaten nach Tübingen schicken; er wolle dieselben in Kempten erwarten und von da nach Tübingen begleiten, und sobald sie nur den Katechismus gedruckt, wolle er sich unverzüglich nach Laibach verfügen. Daraufhin wurde von Krain Herr Antonius Dalmata hinausgeschickt, welchen Truber acht Tage in Kempten beherbergte und dann nach Tübingen zu Consul abfertigte, während er selbst in Kempten einen nochmaligen Bescheid der Stände erwarten wollte. Statt dessen kam ein dringender Brief aus Urach von Herrn Ungnab, welcher ihn eiligst nach Tübingen berief, weil bei dem kroatischen Drucke in der Vorrede etwas gefehlt sei, worüber Vergerius viel Lärm erhoben. Ohne lange zu zögern fuhr deßhalb Truber mit Weib und Kind, mit Hab und Gut nach Urach zu Herrn Ungnab, und von da (19. März) nach Tübingen, um hier den schließlichen Bescheid der krainischen Landschaft abzuwarten. In dieser Zeit ließ ihm der Herzog von Würtemberg durch Herrn Ungnab eine Stelle und entsprechenden Gehalt anbieten, allein er wollte, wie er seinen Freunden nach Laibach schreibt (Urach, 19. März), „der Landschaft Diener bleiben". Zugleich bat er in diesem Briefe ihm einen tüchtigen Bosniaken oder Uskoken zuzuschicken, da er besorge mit Consul und Dalmata wegen ihrer unzureichenden Kenntnisse nicht durchkommen zu können, und meldete ihnen, daß man jetzt Luther's Katechismus und die Predigt de vocabulo et efficacia fidei (kroatisch) drucke, daß die (kroatische) Uebersetzung des Matthäus von Dalmata nicht corrigirt, sonbern ganz neu gemacht werbe, unb baß die Hanbschrift von Consul's Uebersetzung der Postille bei Salzburg verloren gegangen sei; zugleich brang er in sie, ihm doch einen enblichen Bescheib von der Lanbschaft zu verschaffen, berichtete die Absenbung der letztgebruckten krainischen Episteln (Korinther unb Galater), unb ermahnte sie dahin zu wirken, „baß bie Bauern ihre Kinber winbisch lesen lehren."

Da Truber hierauf Antwort ober ben von ihm so sehnlich, jedoch ohne Grund erwarteten Bescheid nicht so bald erhielt, unb baburch die Entscheidung seines Schicksals sich immer mehr hinauszog, nahm er im April 1561 vom Herzog von Würtemberg die Stelle als Pfarrer in Urach an, um nicht sein eigenes geringes Vermögen ganz verzehren zu müssen.

Der stänbische Ausschuß in Krain hingegen, nachdem er längere Zeit vergeblich auf Truber's Ankunft gewartet hatte, sanbte seinen verpflichteten unb vertrauten Diener Elias Stotzinger zu ihm mit einem Schreiben (vom 28. April 1561), worin sie ihn aufforberten, sich schnellstens reisefertig zu machen unb mit jenem nach Laibach zu kommen, unb sich baran nichts anderes als Gottes Gewalt verhinbern zu lassen; sie versprachen ihm behilflich sein zu wollen, baß er nach seiner Ankunft bei ihnen sich um geeignete Personen in Kroatien unb Dalmatien umsehen unb die tauglich befunbenen zum Werk bes Druckes hinausbeförbern könne, ja baß er selbst, wenn er nur erst seinen Beruf in biesem Lanbe begonnen habe, unverhinbert sein solle, hernach wieberum auf einige Zeit hinaus zu reisen unb dem erwähnten Werke beizuwohnen. Gleichzeitig schrieb der Ausschuß über biese Angelegenheiten an Herrn Ungnab.

Demzufolge verließ Truber im Juni 1561 sein Pfarramt zu Urach unb seine Stellung bei Herrn Ungnab (bei bem er zugleich Hauscaplan gewesen zu sein scheint) unb eilte unter Zurücklassung seiner Familie unb Habe mit Stotzinger nach Laibach, wo er bereits vom 29. Juni 1561 an in der Spitalskirche wieber öffentlich in bentscher unb winbischer Sprache prebigte. Hiermit begann nun seine zweite Wirksamkeit in Krain. War die frühere die eines Kirchen-Reformators gewesen, so war biese zweite die eines Kirchen-Instaurators (so nennen ihn die Stände in einem spätern Schreiben selbst) unb Superintenbenten.

Kaum hatte Truber am 29. Juni 1561 zum ersten Male

wieber in Laibach geprebigt, so wurde dieß unverzüglich dem auf seiner Residenz Oberburg in Steier weilenden Laibacher Bischofe Peter von Seebach (1559—70) berichtet. Dieser sendete sofort (3. Juli, erhalten 4. Juli 1561) durch den Gesellpriester Felician Türk zu St. Peter in Laibach ein Schreiben an Truber, worin er sich bei diesem erkundigte, ob er auf Geleit in's Land gekommen, ob auf besondere Berufung der Obrigkeit, oder aus eigenem Antriebe sich der Kirche zu unterwerfen; was sein Vornehmen und Vorhaben sei, da doch jeden Feiertag im Hospital, im deutschen Haus und im Dom zu Laibach sowol deutsch als windisch geprebigt werde, und er (der Bischof) hierüber um nichts ersucht worden sei; solches möge selber ihm berichten, damit er danach seinem Amte und dem kaiserlichen Auftrage gemäß handle. Truber erwiderte dem Bischofe (8. Juli) hierauf: er sei von der Landschaft hieher berufen das Wort Gottes zu predigen; daher sei es sein höchstes Vorhaben die Ehre Gottes zu fördern, die Buße und den rechten lebendigen Glauben an den Herrn Christum zu verkündigen, und sich in allen Dingen der alten wahren christlichen Kirche und der augsburgischen Confession gemäß zu halten; auch wolle er, wie bisher in den 31 Jahren seines Predigtamts, alle verführerische neue Lehre, alle Secten, Rotten und Schwärmereien, die dem lautern Worte Gottes zuwider, gänzlich vermeiden; er empfiehlt sich ihm unterthänig als „in allen göttlichen und billigen Dingen ganz gehorsamer Pr. Tr., der krain. Landschaft berufener Prediger." Die Verordneten richteten gleichfalls noch eine ausführliche Zuschrift an den Bischof (vom 10. Juli, abgesendet 13. Juli), worin sie demselben die Gründe und den Zweck der Berufung Truber's darlegten und erklärten, daß von diesem, einem alten, ziemlich „erlebten" Manne, alle christliche Gebühr und Bescheidenheit werde beobachtet werden, denn sie begehrten hierin nichts anders, als Verbesserung des Lebens, Abstehung von Sünden und die Ehre Gottes.

Ohne Zeitverlust ging nun Truber an die Organisirung der evangelischen Kirche in Krain, welche eigentlich erst von jetzt an als solche zu bestehen begann. Natürlich galt es vor allen Dingen für die vorhandenen Bekenner der evangelischen Lehre brauchbare Seelsorger zu gewinnen und aufzustellen. Der Prediger Caspar Rokavez, welcher 1548 mit Trubern das Land verlassen hatte, prebigte schon 1559 wieder in Krainburg; vertrieben, aber von

der Bürgerschaft zu Krainburg dahin zurückberufen, predigte er
wieder dort seit März 1561. Einige andere Prediger, welche mei-
stens früher katholische Priester gewesen waren, wurden angestellt,
so Hans Tulschak (vulgo: Scherer) und Georg Juritschitsch
(mit dem Spottnamen Jur Kobila, d. i. Stutenjörg, belegt)
zu Laibach, oder für die evangelische Kirche gewonnen, wie
Georg Matschek in Unterkrain (Ratschach), Christoph Fa-
schang in Oberkrain (Veldes) und Gregor Strabiot auf dem
Karst. Zehn Wochen brachte Truber mit derartiger organisato-
rischer Arbeit zu, predigte dabei in windischer und deutscher Sprache
in Laibach und an anderen Orten in Krain, und theilte das
Abendmahl unter beiderlei Gestalt aus, so daß sich alle Stände,
„fürnemlich aber das devotus foemineus sexus," dessen hoch
erfreuten, Gott von Herzen mit nassen Augen lobten und dankten,
daß sie solches erlebt, gehört und genossen. Dabei vergaß Truber
nicht, sich wegen der Richtigkeit und Verständlichkeit des glagoliti-
schen, so wie des inzwischen auch schon begonnenen cyrillischen
Druckes genau zu erkundigen. Die Landschaft selbst hatte auf sein
Ansuchen deßhalb eigene Boten sowol zu den Druckern in Venedig (welche bisher allein in glagolitischer Schrift gedruckt hatten),
als auch nach St. Veit am Flaum (d. i. Fiume), nach Zeng,
nach Möttling und an andere Orte gesendet, auch einige sach-
verständige Männer zur persönlichen Besprechung mit Truber
nach Laibach kommen lassen. Dieser seinerseits wendete sich mit
einem Gesuch um materielle Unterstützung dieses Unternehmens
auch an die Landschaft in Steier, gewann für dasselbe zwei uslo-
kische Priester, Matth. Popovichy, einen Serbier, und Hans
Maleschevaz, einen Bosnier, und zog mit diesen, sobald das
Hofteiding im August beendigt war, wieder nach Tübingen,
indem er Tulschak und Juritschitsch zur einstweiligen Besorgung des geistlichen Amtes in Laibach zurückließ.

Mit den beiden Uskoken, zwei Boten, vier Pferden und
einem Esel, welcher die uskokischen Bücher und ein junges Türk-
lein tragen mußte, reiste Truber in zwanzig Tagen von Laibach
durch Tirol über Kempten und Memmingen nach Urach, wobei er
unterwegs Gelegenheit fand, den Popovichy als tüchtigen —
Trinker kennen zu lernen.

Ueber dieß Alles hatte mittlerweile der Bischof an den König
Ferdinand berichtet, sonst aber im Allgemeinen der Sache ihren

Gang gelassen, wol in der Hoffnung, sie werde von selbst ein Ende nehmen. König Ferdinand's noch vor Truber's Abreise ein= getroffener Befehl an den Bischof (vom 7. August 1561), Truber'n zu befragen, ob er sich zur Lehre der augsburgischen Confession be= kenne, in welchem Falle er ihm das Predigen nicht gestatten dürfe, hatte zur Folge, daß der Bischof den Landeshauptmann Jakob von Lamberg bat, Truber'n das Predigen zu verbieten. Nachdem dieß geschehen, stellten die Verordneten im Namen der Landschaft ihren Prediger dem Bischofe vor, erwiesen die Grundlosigkeit der gegen ihn vorgebrachten Anklagen und ließen Truber'n sich selbst mit einigen Worten rechtfertigen, worauf der Bischof ihm wiederum zu predigen erlaubte, „doch daß er bescheidenlich predige." Dagegen erwirkte der Bischof einen kaiserlichen Befehl (September 1561) zur Vertreibung des Predigers Rokavez aus Krainburg.

Die Zustände des katholischen Clerus in Krain wurden jedoch um nichts besser, und neuerdings gab ein junges unzüchtiges Weib vor, daß ihr die Jungfrau Maria erschienen sei und verlange, daß man ihr eine neue Kirche auf einem Hügel bei Oberburg (der Re= sidenz des Laibacher Bischofs in Untersteier) baue, was die Dom= und andern Geistlichen in Laibach nachdrücklich unterstützten, so daß etliche tausend Menschen dahin wallfahrteten und viel Geld, Vieh und Kleider daselbst opferten. Dagegen erregte es bei den= selben großen Anstoß, daß die beiden evangelischen Prediger Tul= schak und Juritschitsch sich in den Stand der Ehe begaben, sich gegenseitig trauten, und dann mit ihren Frauen öffentlich sich zeigten und zur Kirche gingen.

So verging der Winter 1561—62. Truber hatte unterdessen wenig gute Tage in Urach gehabt. Nicht nur hatte er von seinem alten körperlichen Uebel, dem Rothlauf, viel zu leiden, sondern überladen mit Arbeit und Sorge erfuhr er noch obendrein manche Unannehmlichkeit. Zunächst hatten die Leistungen der beiden usko= kischen Priester, deren Lebensweise — sie aßen nur Fische, kein Fleisch — schon längst lästig geworden war, den gehegten Erwar= tungen doch nicht ganz entsprochen, so daß sie im Frühjahr 1562 mit Georg Zwetzitsch, der auch bei der kroatischen Uebersetzung mit beschäftigt gewesen war und die Briefe Pauli übersetzt hatte, nach Hause geschickt wurden. Nun aber erhob sich noch außerdem zwischen Truber und seinen Freunden in Urach ein schweres und zu bittern Aeußerungen führendes Mißverständniß wegen des Reise=

gelbes der beiden Uskoken. Dazu wurde er durch die krainischen
Abgesandten nach Prag zur Rückkehr nach Laibach gemahnt (An-
fangs Februar 1562), welche Mahnung durch ein Schreiben der
Verordneten (vom 14. März, erhalten 3. April) wiederholt wurde.
Truber entschuldigte sich auf beide Schreiben mit seiner Krank-
heit und seiner vielen Arbeit beim Druck, kam zugleich (am 3. April
1562) beim Herzog von Würtemberg um seine Entlassung vom
Pfarramte in Urach ein, und versprach in seiner Antwort an die
Abgesandten (vom 10. Februar, erhalten 1. März) nach Ostern,
in der an die Verordneten (vom 11. April, erhalten 3. Mai) zu
Pfingsten nach Laibach abzureisen. Zugleich rieth er den Abgesandten, beim Kaiser um das Barfüßerkloster in Laibach zu einem
Spitale anzuhalten, weil kein Mönch mehr darin sei, und ersuchte
die Verordneten, ihm bis Pfingsten seinen Vetter Lukas Zweckel
hinauszusenden, damit ihm dieser bei Uebersiedlung seiner Familie
und Habe behilflich sei. Die Verordneten gewährten ihm diese Bitte
und veranlaßten Lukas Zweckel mit einem Briefe von ihnen
(vom 7. Mai) zu Truber zu reisen und ihm bei seiner Rückkehr
und Uebersiedlung zu helfen. So kehrte denn dieser (im Juni 1562)
nach Laibach zurück und brachte auch seine Familie und seine
Habe mit sich.

In Laibach erwarteten Truber'n keine bessern Tage, als
er in Urach gehabt, von denen er nach Prag schrieb: „er feire
wahrlich nicht, sammle kein Geld, habe nicht gute, ruhige, noch
gesunde Tage, das wisse der liebe Gott". Zunächst dauerten die
Zerwürfnisse mit seinen Uracher Freunden noch fort, und wurden
sogar noch dadurch vermehrt, daß er, in seiner Besorgniß um das
Gelingen der kroatischen Bücher jedem einzelnen Urtheile zu viel
Gewicht beilegend, durch den Ausspruch eines Mönches Johan-
nes aus Neustadtl („Novomeisto") sich verleiten ließ, über die
Fehlerhaftigkeit der bisher erschienenen Werke ein allzu schnelles
und strenges Wort nach Urach zu schreiben. Der durch diese Veranlassung und die früheren Mißverständnisse herbeigeführte Briefwechsel, die daraus entstandene Gemüthsaufregung und Erbitterung,
so wie das hinzutretende Mißtrauen fanden nur allmählich ein Ende,
indem die Verordneten mit der sie stets auszeichnenden ruhigen
Besonnenheit die bestehenden Zerwürfnisse allseitig ausglichen und
die Streitenden versöhnten.

Noch war dieß nicht ganz zu Stande gebracht, als sich be-

reits ein neuer und bedenklicherer Sturm gegen Truber und die
evangelische Kirche in Krain erhob. Kaum war jener nämlich in's
Land zurückgekehrt, so ergingen auch schon vom Bischof und Ka-
pitel zu Laibach die stärksten Beschwerden gegen ihn und seine
Freunde an den Kaiser, welcher in Folge derselben von Podiebrad
den 30. Juli 1562 („präsentiert am 12. Augusti von ainem fuß-
poten gar spat") in drei Befehlen, erstens dem Landeshauptmann,
Landesverweser und Vicedom, den Primus Truber, Hans
Scherer (Tulschak), Cobila Jurj (Juritschitsch), Jurj Matschek, Caspar Rokavez zu Krainburg, N. (Gregor) Stra-
diot und Matthes Klombner gefänglich einzuziehen, dann den
Verordneten der Landschaft, der Ausführung jenes Befehls nicht
hinderlich zu sein, und endlich dem Bürgermeister und Rath der
Stadt Laibach, Truber'n und seine zwei Mitprediger alsbald aus
dem Spital zu schaffen und darin Niemand ohne des Bischofs
Bewilligung predigen zu lassen befahl. Da der Bischof die früher
ertheilte Erlaubniß zu predigen Truber'n niemals entzogen, noch
sonst bei der Landschaft über denselben sich beschwert hatte, so war
man über diese Befehle, deren Urheber man leicht errieth, nicht
wenig erstaunt. Der große ständische Ausschuß versammelte sich und
richtete (den 21. August 1562) eine ausführliche Schutzschrift
an den Kaiser, worin zunächst der Gebrauch von Spottnamen
(„Scherer", „Jur Kobila"; — übrigens war Juritschitsch schon
seit Anfang Juli nach Urach zum kroatischen Druck abgegangen)
ernstlich zurückgewiesen, sodann die ganze Geschichte der Berufung
Trubers nochmals ausführlich berichtet, und schließlich um Ein-
stellung der ergangenen Befehle, besonders um Rücknahme der Ent-
ziehung der Spitalkirche gebeten wurde. Gleichzeitig (21. August)
wandte sich der Ausschuß an König Maximilian mit der Bitte
um seine Vermittlung in dieser Angelegenheit. In Folge hiervon
erließ Kaiser Ferdinand von Frankfurt am Main den 1. November 1562 (erhalten 30. November) zwei Befehle, erstens an
Bischof Peter, mit dem Auftrage, Truber'n ordentlich zu ver-
hören und dann darüber Bericht einzusenden, dann an die Verordneten, daß sie Truber'n unverzüglich vor den Bischof stellen,
um Rechenschaft seiner Lehre zu geben, da ihm (dem Kaiser) die
Sache ganz anders berichtet worden sei, als sie melden, wie sie
aus beiliegender Abschrift vernehmen würden. Diese Abschrift enthielt übrigens die eigenthümlichsten Anklagen wider Truber,

Tulschak und Juritschitsch, z. B. daß Jener die Apostaten copulire, die Taufe sine consecrata aqua et liquoribus admini-strire, die Verstorbenen ohne alle Ceremonien, Lichter, Vexillo, Exequiis und Vigilie conducire u. s. w.

Noch am selben 30. November trug der Bischof im Namen des Landesfürsten Truber'n auf, am zweiten Adventssonntage im bischöflichen Palaste vor ihm zum Examen zu erscheinen, auf welches Schreiben Truber am folgenden Tage (1. December) antwortete, daß er den Befehl genau vollziehen werde.

Am zweiten Adventssonntage, den 6. December 1562, ver-sammelte sich im bischöflichen Palaste eine kleine, aber angesehene Versammlung, außer der katholischen Geistlichkeit der Landesver-weser Jobst von Gallenberg, die Verordneten, etliche Herren und Landleute des Fürstenthums Krain und der Stadtmagistrat von Laibach. In deren Gegenwart wurden Truber'n vom Bischof selbst folgende Fragen vorgelesen und ihm auferlegt, darauf mit Ja oder Nein zu antworten: 1. Ob er glaubt, daß die christliche Kirche oder Versammlung, welcher der römische Bischof, der heilige Vater Papst, ein oberster Vicarius Christi auf dem Erdreich ist, die rechte, wahre, christliche Kirche sei, oder aber die der Luther und seine Nachkommen und Anhänger angehetzt und gelehrt haben, und noch anzeigen und lehren? 2. Ob er die sieben Sacramente, das ist die Taufe, Firmung, das hochwürdige Sacrament des Al-tars, Buße, die heilige Oelung, die Priesterschaft und die Ehe glaubt, predigt und hält? 3. Ob er glaubt, daß unter der Gestalt des gesegneten Oblats der wahre Leib und Blut Christi sei? 4. Ob er glaubt, daß die guten Werke eines Christenmenschen noth-wendig seien zu dem ewigen Leben, oder aber, daß wir allein in dem Verdienst Jesu Christi schon selig werden? 5. Ob er glaubt, daß man durch die Fürbitte der Jungfrau Maria, der Mutter Got-tes, und lieben Heiligen Gott anrufen soll, wie die christliche Kirche in der Litanei im Gebrauch hat? 6. Ob er glaubt, daß ein Purgatorium sei, und nutz sei denen, die ohne Todsünde aus dieser Welt geschieden, doch nicht recht rein und gebüßt, und ob das Gebet und andere gute Werke, als Almosen für sie gegeben, ihnen in der Vorhölle oder Purgatorio nutz seien? 7. Ob er glaubt, daß die Kirchengebräuche und Ceremonien, die man in der heiligen christlichen Kirche zu thun pflegt, welche die Menschen zu einer Andacht, Barmherzigkeit und Betrachtung des Leidens Christi reizen und bewegen thun, zu halten seien oder nicht? 8. Ob er glaubt, daß die Messe, die bisher in der heiligen Kirche gehalten ist worden, ein Opfer sei für Lebendige und Todte? ob er die Messe hält, und das Meßgewand braucht, und Canonem majorem und minorem hält? 9. Ob er glaubt, daß unter der Gestalt des Oblats, wenn die Worte Christi darüber gesprochen werden, und von den Menschen nicht genossen wird auf eine Zeit, ob der wahre Leib und Blut Christi in der Gestalt des Oblats, als am Gottesleichnamstag sich zu thun die christliche Kirche gepflegt, wahrlich da sei, oder nicht? Und ob man die Gestalt des Oblats in der Monstranze ehren und anbeten soll? 10. Ob die Vigilie, Gebet und Gesang für die Todten, auch Almosen zu geben, den Abgestorbenen helfen oder nicht? 11. Ob die Gestorbenen ohne alle Ceremonien, ohne brennende Kerzen, Kreuz und Vigilie begraben sollen werden? 12. Ob das Gelübde der Keuschheit zu halten sei oder nicht? — Zu fragen, ob er tauft, und wie er tauft, und ob er's mit Wissen des Ordinarius thut. 13. Ob er das gesegnete Wasser der Taufe zu der Taufe braucht? 14. Ob er die Chrisem der heiligen Oelung zu der Taufe und zu den Kranken braucht? 15. Ob er das Zeichen des heiligen Kreuzes den Kindern an „das" Stirn und Brust in der Taufe thut? 16. Ob er die Ceremonie mit dem Speichel „die" Kinder die Naslöcher und Ohren bestreicht? (sic!) 17. Ob er das weiße Tüchel über das Kind thut, sprechend: Accipe vestem candidam? 18. Ob er laut des Exorcismi, der in der heiligen christlichen Kirche gebraucht, die Kinder tauft, oder sich eines andern gebraucht? 19. Ob er der Augsburgerischen Confession sei? 20. Ob am Freitag und Sambstag Fleisch zu essen über das Gebot der heiligen christlichen Kirche Sünde sei? 21. Ob die Priester schuldig seien Inhalts der heiligen christlichen Kirchengebote die sieben Tagzeiten, Metten, Prim, Terz, Sext, Non, Vesper ꝛc. zu singen und zu beten?

Das Verhör über diese Fragen, welche mit Ausnahme der vierten und neunzehnten sich nur um Nebensachen und Ceremonien drehen, wurde am 6. December abgebrochen und erst am 20. December beendigt, worüber dann der Bischof alsbald an den Kaiser berichtete. Da aber andererseits der Bischof Peter von Seebach 1563 selber wegen verschiedener Fehler beim Kaiser verklagt und von diesem einer strengen Untersuchung unterworfen wurde, in welcher das Domcapitel zu seiner Entschuldigung an den Kaiser

berichtete, so scheint es, daß dieser beide Untersuchungen fallen ge=
lassen habe, zumal der ständische Ausschuß nochmals eine Recht=
fertigungs= und Bittschrift für Truber an den Kaiser gerichtet
und den kaiserlichen Vice=Großkanzler Dr. Siegmund Selb (am
27. December 1562) um seine Fürsprache und Verwendung beim
Kaiser gebeten hatte.

So konnte sich denn Truber's Thätigkeit wieder ungestört
auf die Sorge für die innern Angelegenheiten der evangelischen
Gemeinschaft wenden. Das Nächste, was er mit den Verordneten
in's Auge faßte, war das Schulwesen, da sie dessen hohen Werth
für ihre Kirche vollkommen erkannten. So wurde denn zunächst
1563 eine landschaftliche, sogenannte lateinische Schule (Gymna=
sium) von ihnen errichtet und unter des bisherigen „lateinischen
Schulmeisters" Leonhard Bubina Leitung gestellt, in dessen
Hause sie auch untergebracht wurde. Sodann beschloß man im
Landtage (August 1563) in Gemeinschaft mit der Stadt Laibach
die städtische Spitalkirche zu erweitern, da sie die Menge der Zu=
hörer nicht mehr zu fassen vermochte. Zugleich sorgte man auf
Truber's Antrag für eine Vermehrung der Geistlichen in Laibach,
da Truber und Tulschak (Scherer) der Fülle von Arbeiten um
so weniger gewachsen waren, als der Erstere durch sein vorgerücktes
Alter und besorgnißerregende Körperschwäche vielfach an der Aus=
übung seines Amtes verhindert war. Man berief daher (2. August
1563) Sebastian Krel (s. nachh.) an des beim Druck in Urach
abwesenden Georg Juritschitsch Stelle zu seinem Gehilfen mit
der Verpflichtung, nach Umständen auch den Bubina in der Land=
schaftsschule zu unterstützen. Nächstdem gab Truber, in richtiger
Würdigung der hohen Bedeutung des evangelischen Kirchengesan=
ges, dem krainischen Volk einen Schatz religiöser Lieder, welche er
theils selbst dichtete, theils aus dem Deutschen übersetzte.

Hauptsächlich aber arbeitete Truber in diesem Jahre (1563)
an der Abfassung einer windischen Kirchenordnung, welche er aus
der würtembergischen und nürnbergischen zusammenstellte und wel=
cher er nach Vorgang der mecklenburgischen ein Corpus der ganzen
christlichen Lehre aus Melanchthon's Examen theologicum bei=
fügte. Dieses Werk, dessen Handschrift Truber stückweise nach
Würtemberg zum Druck sendete, mag auch der Umstand mit her=
vorgerufen haben, daß die Protestanten in Krain durch die oben
erwähnte Klagschrift beim Kaiser der Mißachtung der Sacramente,

und durch mündliche Verleumdung bei der Regierung in Wien gar so „wilder seltsamer Ordnung bei der Taufe, daß man die Kinder allein in den Wasserfluß Laibach netze und eintauche, und alsdann dieselben wieder davon lasse", beschuldigt worden waren. Außerdem machten ja auch die Nothwendigkeit einer festen, gemeinsamen kirchlichen Ordnung für die immer mehr im Lande zunehmenden evangelischen Gemeinden und das Bedürfniß einer solchen Kirchenordnung in der Landessprache die Bearbeitung und Einführung derselben unerläßlich. Viele Amtsreisen und schwere Handlungen unterbrachen Trubern bei dieser Arbeit, allein der Druck derselben sollte noch größere und ernstere Unterbrechungen erleiden.

Zunächst erhielt (im September 1563) der Landeshauptmann in Krain Jacob von Lamberg einen besondern kaiserlichen Befehl Trubern zu verhaften, jedoch der Landesverweser Jobst von Gallenberg wies diesen an, wenn er von dem Landeshauptmann vorgefordert werde, zu antworten, es sei ihm von den Verordneten und dem Ausschusse befohlen worden sich nicht in das Schloß zu begeben; man werde ihn dann schon zu schützen und zu vertreten wissen. So blieb der kaiserliche Befehl unausgeführt, doch verließ Truber für einige Zeit Krain und begab sich in die Grafschaft Görz, wo er zu Rubia (in der Nähe von Triest) öffentlich als Prediger wirkte.

So viel Gefahr ihm hierbei von seinen Feinden drohete, so viel Schwierigkeiten bereiteten ihm mittlerweile seine Freunde. Truber hatte nämlich im October 1563 in einem freundschaftlichen Briefe an Herrn Nicolaus von Gravened, herzogl. würtemberg. Obervogt zu Urach, unter Anderem Folgendes geäußert: „Von der Uneinigkeit zwischen den hochgelehrten Theologen von wegen des Nachtmahls, und daß sich das Volk durch die gottseligen Predigten wenig bessere, ist zu erbarmen, und ich höre nicht gern. In unsrer Kirche, die die evangelische Lehre angenommen, ist noch (Gott Lob!) von keiner Secte noch Zwiespalt zu hören. Wir lehren und glauben einhelliglich den Worten Christi beim Abendmahl, daß wir allda den wahren Leib und das wahre Blut Christi des Herrn im Geist und im Glauben empfahen und uns wahrhaftig des Leibs und Bluts Christi, das ist seines Verdienstes, theilhaftig machen, nach dem Wort Pauli 1. Cor. 10." Kaum hatte der zelotische

Orthodoxist Dr. Jacob Anbreä, Kanzler der Universität Tübingen, hiervon durch M. Christoph Binder, Pfarrer und General-Superintendenten zu Nürtingen, Kenntniß erhalten, so hatte er nichts eiliger zu thun, als dieß (18. November 1563) an den Herzog Christoph von Würtemberg zu berichten, mit der Insinuation, daß die bei Herrn Ungnad eben im Druck befindliche Kirchenordnung Truber's zuvor durchgesehen werden sollte, ob derselben etwa dergleichen Worte „eingeleibt", damit nichts gedruckt werde, was der fürstlichen Confession und Kirchenordnung zuwider sei. Hierauf befahl Herzog Christoph (Stuttgart, 19. November 1563) Herrn Ungnad den Druck der Kirchenordnung einstweilen einzustellen und dieselbe von Consul und Dalmata genau durchsehen zu lassen. Herr Ungnad berichtete dieß auf Anordnung des Herzogs an Herrn Jobst von Gallenberg, Landesverweser in Krain, und an Truber (Urach, 21. December 1563), welche beide ihrerseits den Verdacht des Zwinglianismus entschieden abwiesen (28. Jänner 1564). Doch schrieb der Herzog abermals an Truber (29. Februar 1564), daß seine (oben erwähnten) Worte, „wiewol sie an ihnen selbst recht und christlich, doch zu dieser Zeit so general, daß auch die Zwinglischen und Calvinischen ihre Meinung darunter wägen und damit verkaufen können", auch wollten sie, „eine neue Auslegung der Worte des Abendmahls einführen, nämlich da Christus sagt, das ist mein Leib, das sollt als viel sein, das ist meines Leibs Verdienst", daher sollte er in seinen Reden und Schreiben solche ambigua et flexiloqua vocabula nicht gebrauchen. Zwar wurde dieser Handel nach längerem Briefwechsel beigelegt, indem auch Anbreä (Tübingen, 6. Juni 1564) an den Landesverweser und die Verordneten und an Truber entschuldigend und versöhnend schrieb, wobei er jedoch nicht unterließ dem Letztern zu bemerken, daß, „da er dieses sein Bekenntniß dem Bullinger gen Zürch zugeschickt, der auch dasselbige unterschrieben und in aller Welt gerühmt haben würde, daß er (Truber) Zwinglisch und gar nicht Augsburgischer Confession wäre." Allein es erhob sich inzwischen eine neue Wolke. Der Herzog von Würtemberg verbot nach vollendeter Durchsicht der Kirchenordnung aus Besorgniß nicht nur den Druck der mehrfachen „Vermahnungen und Vorreden bei dem Artikel des heil. Nachtmahls", weil dieselben nicht in die Kirchenordnung, sondern auf die Kanzel gehörten (worin er allerdings Recht hatte), sondern er verwarf auch gänzlich die von Truber verfaßte Vorrede zum ganzen Buche und trug Andreä (welcher augenscheinlich dahinter steckte) die Abfassung einer neuen auf. Das machte nun natürlich neue Schwierigkeiten und Schreiberei en. Der Landesverweser und die Verordneten in Krain lehnten (13. August 1564) Andreä's Vorrede ab und baten diesen dagegen behilflich zu sein, daß die krainische Kirchenordnung mit der von Truber verfaßten Vorrede möglichst bald im Druck beendet werde.

Während dieser durch Andreä über die echt evangelischen, und als solche im Schreiben des Herzogs selbst anerkannten Worte des milden, mehr melanchthonisch und unionistisch gesinnten Truber angeregten Händel hatten die Gegner der evangelischen Kirche in Krain nicht geruht. Sie hatten vielmehr die Abfassung der frag= lichen Kirchenordnung in Erfahrung gebracht und dem Landesfür= sten angezeigt, welchem die beabsichtigte Einführung einer neuen Kirchenordnung nach damaligen Begriffen sehr leicht als ein Ein= griff in sein Oberhoheitsrecht dargestellt werden konnte. Erzherzog Karl, welcher noch vor dem Tode seines Vaters Kaiser Ferdi= nands (25. Juli 1564) die Regierung der österreichischen Erblande angetreten und bereits am 28. April 1564 persönlich die Huldi= gung in Laibach eingenommen hatte, verbot (Wien, 9. September 1564) den Verordneten in Krain, indem er sie zugleich an die von seinem Vater getroffenen Vorkehrungen in Religionssachen und insbesondere an die schon publicirte Erlaubniß der Communion unter beider Gestalt erinnerte, die erwähnte Kirchenordnung heim= lich oder öffentlich drucken oder publiciren zu lassen.

Grauenvoll wüthete eben in Laibach die Pest, während in Unterkrain die Türken hausten; das ganze Land befand sich in der übelsten Lage. Alle Gottesdienste und Predigten in der Stadt hat= ten aufgehört, ein großer Theil der Bewohner hatte sich aus der= selben geflüchtet. Die Regierungsbehörden befanden sich zu Lack in Oberkrain, dort auch die Verordneten der Landschaft. Truber, welcher zu dieser Zeit wieder in Laibach lebte, war mit innern Kirchenangelegenheiten sehr beschäftigt. Georg Juritschitsch, welcher nach seiner Rückkehr von Urach Prediger in Stein ge= worden, war eben durch einen wiederholten landesfürstlichen Be= fehl an den Vicedom mit Wegschaffung bedroht. Sebastian Krel hingegen, welcher bisher Truber's Gehilfe (Diakonus) in Laibach gewesen, war von den Verordneten nach Lack berufen worden. Dazu war der Landesverweser Jobst v. Gallenberg, einer der Hauptbeschützer der Protestanten, gerade in Wien abwesend, und unter den Verordneten zeigte sich über das Verbot der Kirchenordnung zum Theil Zaghaftigkeit und religiöse Gleichgiltigkeit. Da galt es denn, daß Truber mit aller Macht seines Wortes auftrat. In einem schriftlichen „Bedenken und Rathschlagen" gibt er ihnen Anleitung, wie sie in dieser Angelegenheit lauter und wahrhaftig dem Landesfürsten berichten sollen, und schließt dieselbe folgendermaßen: „In Summa, Ihr meine Herren, wollet Ihr beständige und nicht mamelukische Christen, Ehr- und Geizhäls sein, diesem Land gottselig vorstehen, und dem Teufel nicht zu Theil werden, so müßt Ihr jetzund im Anfang in dieser neuen Regierung von Neuem gründlich, lauter, mit offenem Maul Euren Glauben mit Gefahr alles Eures Guts, Leibs und Lebens, Weib und Kinder, schriftlich, mündlich und offenlich bekennen u. s. w. — Denn in der Wahrheit, Ihr Herren, werdet Ihr jetzund kleingläubig, verzagt, wollt heucheln, so hat der Teufel schon in die unsere Kirche ein Loch gemacht und obsieget, unserer Kirche schwache Glieder hoch betrübt und geärgert. Darum seid in dem redlich, wacker und unverdrossen zu schreiben."

Die Verordneten schrieben demnach (20. November 1564) dem Erzherzoge, daß ihnen allerdings Primus Truber, der Landschaft Predicant, vor einiger Zeit die von ihm unternommene Abfassung und Verdolmetschung einer Kirchenordnung aus der würtembergischen und nürnbergischen gemäß der (ihnen gestatteten) augsburgischen Confession angezeigt habe, was sie, in Bedacht, daß alle guten Bücher denjenigen, welche blos die windische Sprache verstehen, ohne windische Verdolmetschung nichts nützen, guter Meinung haben geschehen lassen, wie es ja Niemand verwehrt sei gute Bücher in allen Sprachen zu lesen und aus denselben ins Windische zu übersetzen; sie hätten nie beabsichtigt diese Kirchenordnung andern Kirchen „aufzufailen", wie es auch nicht in ihrer Macht stehe; und damit er sehe, daß sie nichts wider die augsburgische Confession gestattet hätten, möge er diese Kirchenordnung durch fromme und verständige Personen prüfen lassen. Darauf erwiderte der Erzherzog (Wien, 15. December 1564), die sich darbietende Veranlassung zur Vertreibung Truber's gern ergreifend: es habe ihnen durchaus nicht gebührt durch die Druckgestattung einer, wie immer beschaffenen Kirchenordnung in seine Hoheitsrechte einzugreifen; nach den Reichsconftitutionen stehe nur dem Landesfürsten das Recht zu, der Religion halber Ordnung zu geben, und werde er sich darin nicht vorgreifen lassen; ihre eigenwillige Anmaßung gereiche ihm daher zu großem Mißfallen und er behalte sich die Strafe gegen die vor, welche die Publicirung dieser Kirchenordnung verursacht; alle gedruckten Exemplare derselben seien an den Landeshauptmann Jacob von Lamberg abzuliefern, Trubern aber sollten sie binnen zwei Monaten aus allen seinen Fürstenthümern ziehen lassen und über diese Frist nicht aufhalten.

Diesen Befehl des Erzherzogs legten die Verordneten im nächsten, wegen der Pest erst auf den Februar 1565 nach Laibach berufenen Hofteiding vor, von wo dann die versammelten Herren und Landleute (8. Februar 1565) abermals zur Entschuldigung der Kirchenordnung und Truber's berichteten, daß erst dieser Tage zwei „Fassel" mit gedruckten Büchern, darunter auch etliche Exemplare der Kirchenordnung sein sollen, angekommen seien, welche sie uneröffnet dem Landeshauptmann zustellen lassen; keiner von ihnen habe bisher ein gedrucktes Exemplar derselben mit Augen gesehen, geschweige daß sie dieselbe publicirt hätten; auch sein Vater, der Kaiser, habe ihren Predicanten Truber, nachdem derselbe vom Bischofe examinirt worden sei, „mit Gnaden bleiben lassen"; derselbe, den sie nicht aus Fürwitz, sondern aus Noth und Mangel an tauglichen Geistlichen berufen, habe sich allerwegen bescheiden und christlich gehalten; zu besserer Darstellung und Entschuldigung hätten sie Gesandte an den Erzherzog erkiest, welche jedoch zum Theil von verschiedenen wichtigen, bisher verschobenen Geschäften in und außer Landes noch in Anspruch genommen seien; der Erzherzog wolle daher diese in Gnaden erwarten, inzwischen aber verordnen, daß mit dem ergangenen Befehle stillgehalten und Trubern bis letzten Mai Luft gelassen, derselbe auch zu ausführlicher Verantwortung einvernommen werde.

Hierauf antwortete der Erzherzog (Wien, 22. Februar 1565, erhalten 3. März 1565), daß er es aus guten Gründen bei seiner anbefohlenen Ausschaffung Truber's, von dem sie ja auch gewußt, daß er in weiland seines Vaters sonderer Ungnade gewesen, bewenden lasse; betreffs ihrer Religionsbeschwerden bemerke er, daß es bereits durch seines Vaters Bemühungen dahin gekommen, daß man die Communion unter beider Gestalt in seinen Fürstenthümern mit Ordnung und in Einigkeit der christlichen apostolischen

Kirche reiche, und es also nicht nöthig sei dafür einen Prebicanten von auswärts zu berufen; und da er spüre, daß der große Mangel an tauglicher Priesterschaft hauptsächlich daher fließe, daß man ihnen bisher die Ehe verweigert, so sei er mit seinem Bruder, dem Kaiser (Maximilian II.), in starker „Jebung" ihnen solche Ehe mit ordentlicher Zulassung zu erlangen; die beschlossene Abfertigung von Gesandten vermerke er zum Beßten, halte aber für unnöthig solche Kosten beßwegen aufzuwenden, da er ohnedieß ihnen in allen Gnaden geneigt sei und von seiner frühern und jetzigen Resolution nicht weichen könne.

Inzwischen hatte der ständische Ausschuß aus seiner Mitte Herrn Hans Joseph Freiherrn zu Egkh und Hungerspach, Verordneten, Herrn Dietrich Freiherrn zu Auersperg, Erbkämmerer in Krain und der windischen Mark, Verordneten und Einnehmer, Pankraz Sauer zum Kosiackh, Maximilian von Lamberg zum Rotenpühel, Leonhard Kreen, Rathsbürger zu Laibach, und Andreas Petschacher, Rathsbürger zu Stein, zu Gesandten an Erzherzog Karl und Kaiser Maximilian II. erwählt und ihnen ein Bittschreiben an den Letztern um seine Intercession bei seinem Bruder Erzherzog Karl (vom 26. Februar 1565) und eine Instruction ihrer Werbung und Verrichtung bei diesem (vom selben Tage) ausgefertigt. Natürlich hofften sie durch eine ausführliche und getreue Darstellung der früheren Ereignisse die Erlaubniß zu erlangen, daß Truber im Lande bleiben dürfe, „welche aber", steht auf der Instruction bemerkt, „nicht erhalten werden mögen. Gott anheimgestellt." Am 24. April 1565 überreichten die Gesandten der drei Stände von Herren, Ritter und Adel, auch Städten und Märkten in Krain dem Erzherzog Karl zu Wien (nach abschlägigem Bescheide auf ihr erstes Aufsuchen) ein Bericht- und Gesuchschreiben, worin sie nach Aufführung alles Vorangegangenen dem Erzherzog ihre erste Bitte seit seinem Regierungsantritt an's Herz legten, daß er den alten, „erlebten", schwachen Mann (Truber) nicht urplötzlich, unverhört und unverantwortet aus dem Land weise; denn nicht er, sondern wenn überhaupt, so habe die Landschaft gefehlt; es seien vielmehr nur lasterhafte, neidige Personen, die die Priesterehe verachten, aber ihre mit ihren Concubinen erzeugten Kinder sogar zu ihrem eigenen, geistlichen Stand befördern, deren größere Zahl aber dem Hause Oesterreich nicht viel Treue oder Gutes, sondern alle Arglist und Untreue erwiesen habe, welche schon dem Bischof Urban zu seiner Verfolgung behilflich gewesen, dann bei weiland Kaiser Ferdinand und ohne Zweifel auch bei dem päpstlichen Legaten und dem Venedigischen Patriarchen zu Aquileja so viel angehalten, erdichtet und angebracht, daß es kein Wunder wäre, wenn der Landesfürst noch unruhiger gemacht und (nach jener Gefallen) zur Ungnade gegen seine getreuen Landschaften bewogen worden wäre.

Des Erzherzogs Antwort lautete dahin, daß er seine frühere Resolution nicht ändern wolle, und so baten die Gesandten wenigstens um Erhörung ihrer letzten und geringsten Bitte, nämlich daß Trubern, der alt und schwach, auch mit Weib und Kindern beladen sei, und sich seit fünf Jahren mit häuslicher Wohnung zu Laibach eingerichtet habe, wenigstens bis Ende des laufenden Jahres Frist zum Abzuge gegeben werde, damit er sich inzwischen um eine andere Stellung umsehen und mit Weib und Kindern, Hab und „Gütl“ ohne Schaden abziehen möge.

Aber auch dieß wurde nicht bewilligt, sondern des Erzherzogs dritter und letzter Bescheid (Wien, 8. Mai 1565) lautete dahin, daß früher die im Hofteiding Versammelten um Verlängerung von zwei Monaten, also bis letzten Mai, gebeten, daß sie (die Gesandten) jetzt wieder bis Ende Jahres ansuchen, und daß daher hiermit noch zwei Monate, also bis Ende Juli, Trubern im Lande zu bleiben gestattet werde, doch daß derselbe inzwischen sich des Predigens, Lärmens und Practicirens gänzlich enthalte. Von dieser Entscheidung setzte der Erzherzog den Landeshauptmann in Krain alsbald (Wien, 9. Mai 1565) in Kenntniß.

Dagegen baten die Verordneten den Erzherzog (5. Juni 1565) es nicht ungnädig aufzunehmen, wenn Truber bis zum nächsten, auf den 18. Juni verschobenen Hofteiding bescheiden nach dem Text der gewöhnlichen Evangelien predige, da sie (die Verordneten) vor Zusammentritt der Stände hierin keine Gewalt hätten. Landeshauptmann (Jacob von Lamberg'), Landesverweser (Jobst von Gallenberg) und Vicedomamts-Verwalter (Casp. Mauritsch) befürworteten dieß beim Erzherzog (5. Juni 1565), welchem sie melden, daß sie Trubern die landesfürstliche Entscheidung am 31. Mai mitgetheilt haben.

So hatte denn Truber's Wirksamkeit in Krain für immer ein Ende. In der anberaumten Frist bereitete er sich zum Abzuge.

In seinem am alten Markt gelegenen Hause ließ er seine nicht unbeträchtliche Bücherſammlung zurück, welche er ſpäter (19. März 1569) der Landſchaft zum Gebrauch für Kirche und Schule zum Geſchenk machte, wogegen ihm die Landſchaft (7. Auguſt 1569) einen Schuldſchein über 200 fl. zurückgab. Dadurch erwarb ſich Truber noch das Verdienſt den Grund zur erſten öffentlichen Bibliothek in Krain gelegt zu haben, welche die Landſchaft ſpä= terhin durch Ankauf anderer Sammlungen nicht unbedeutend ver= mehrte.

Truber ſelbſt, welcher fortwährend mit ſeinen Bekannten in Würtemberg in brieflicher und wiſſenſchaftlicher Verbindung geblie= ben war und ſich an der Thätigkeit der dortigen Druckereien in krainiſcher und kroatiſcher Sprache unausgeſetzt betheiligt hatte, be= gab ſich jetzt mit ſeiner Familie wieder dorthin. Zwar war der alte Herr Ungnad ſeither (27. December 1564) geſtorben, doch war die Ueberſetzungs= und Druckanſtalt zu Urach noch in Thä= tigkeit. Auch war der Herzog von Würtemberg Trubern noch in alter Weiſe gewogen. Er verlieh ihm daher zunächſt (1565) die eben erledigte Pfarrſtelle zu Laufen am Neckar. Hier ſchrieb Truber (Jänner 1566) die Vorrede zu ſeinem damals in Tübin= gen erſcheinenden Pſalter. Bald darauf wurde er, um für die Herausgabe windiſcher Bücher der Druckerei näher zu ſein, von hier nach Derendingen bei Tübingen verſetzt, indem der hier befindliche junge Pfarrer Wilhelm Holder dafür nach Lau= fen kam.

Noch einmal beſuchte Truber 1567 ſeine ihm ſo theure Heimat. Plötzlich erſchien er (1. Juni 1567) mit einem Empfeh= lungsſchreiben des Herzogs von Würtemberg in Laibach, als gerade der Landeshauptmann Herbard von Auersperg, der Landes= verweſer Hans Kiſl zum Kaltenbrunn und andere landſchaft= liche Geſandte ſich zu Wien am Hofe des Erzherzogs Karl be= fanden und dort noch einen Verſuch um Wiederzulaſſung Tru= ber's in Krain machten. Da nun ſeine unerwartete Ankunft der Landſchaft leicht den Schein eigenmächtiger Rückberufung zuziehen konnte und ihr auch in der That längere unangenehme Verhand= lungen mit dem Erzherzoge bereitete, ſo verrichtete Truber auf das Schnellſte ſeine Geſchäfte. Er war nämlich von Freunden in Würtemberg um genaue Erkundigung über den Alkoran erſucht worden, und beſprach ſich deßhalb mit dem von Herbart von

Auersperg bei Novi (1566) gefangenen und auf dem Schloß zu Laibach gefangen gehaltenen Usraim Beg, Pascha von Bosnien, und mit einem türkischen Priester zu Reifniz, während er andere gefangene Türken zu Tschernembl durch einen Amtsbruder ausforschen ließ, hielt auch noch im Hause Sebastian Krel's zu Laibach eine Synode ab, und ritt dann auf seinem Esel eiligst wieder weg. Von da an sah er sein Vaterland nicht wieder, aber fort und fort sorgte und wirkte er, auch unter der allmählich sich einstellenden Gebrechlichkeit des höhern Alters, für das Wohl desselben. So arbeitete er unausgesetzt an der Uebersetzung evangelischer Bücher in's Krainische. Er vollendete (1572) die Uebersetzung des neuen Testaments, dessen letzter Theil (Tübingen) 1577 in 4° erschien; gern hätte er dasselbe noch einmal in Folio mit Erklärungen herausgegeben, allein er konnte wegen der Türkenkriege von den „Landschaften" keine Beiträge zu den beträchtlichen Kosten erhalten; doch gab er es 1582 noch einmal in 8° heraus. Außerdem übersetzte er Anderes, z. B. die Concordienformel, und in seinen letzten Lebensjahren Luther's Postille. Dabei stand er mit den Ständen Krains fortdauernd in lebhaftem Briefwechsel über die Angelegenheiten der evangelischen Kirche in diesem Lande, für deren Wohl er theils durch Zusendung tüchtiger Geistlicher, wie Christoph Spindler's 1569 (s. spät.), Georg Dalmatin's 1572 (den er als seinen besten Nachfolger im Uebersetzungsfache empfahl, welcher Empfehlung derselbe durch seine windische Bibelübersetzung, Wittenberg 1584, Fol., glänzend entsprach) und seines eigenen Sohnes Felician Truber 1580 (s. spät.), theils durch Unterstützung und väterliche Fürsorge für die jungen krainischen und andere Studenten und Stipendiaten in Tübingen sorgte.

Sein letztes Schreiben an die krainischen Stände (vom J. 1586) war von seiner eigenen Hand also unterzeichnet: „Primus Truber, gewesener, ordentlich berufener, präsentirter und confirmirter Domherr zu Laibach, Pfarrer zu Lack bei Ratschach, zu Tüffer, und in St. Bartholomäenfeld, Caplan bei St. Maximilian zu Cilli, windischer Prediger zu Triest, und nach der ersten Verfolgung Prediger zu Rotenburg an der Tauber, Pfarrer zu Kempten und Urach, nachmals Prediger der Ehrsamen Löbl. Landschaft in Krain, und in der Grafschaft Görz zu Rubia; und nach der andern Verfolgung Pfarrer zu Laufen und jetzund zu Derendingen bei Tübingen."

So war ihm das Greisenalter, wie ein ruhiger, milder Abend nach einem stürmischen Gewittertage, erschienen. Ehrwürdig war es den vielerprobten Greis mit der hohen, festen Stirn, den spärlichen Locken um's Haupt, den klaren, klugen Augen, der edelgeformten, schönen Nase, dem langen, vollen, weißen Barte in seinem eigenen Hause zu Derendingen inmitten der Seinigen und umgeben von ihrer sorgenden Liebe zu sehen. Geliebt und geehrt von Allen, die ihn kannten, war er nicht nur ein treuer Familienvater und milder Wohlthäter der Armen, sondern auch ein gesuchter Rathgeber und väterlicher Freund, besonders der studirenden Jugend, ein thätiger Beschützer und Helfer derer, welche gleich ihm um ihres evangelischen Glaubens willen die Heimat hatten verlassen müssen. Zur Unterstützung armer Studenten und Flüchtlinge verwendete er hauptsächlich den Jahresgehalt von 200 Thalern, welchen die krainischen Stände ihm bis an sein Ende auszahlen ließen. Da seine Körperkräfte immer mehr schwanden, verordnete ihm der Herzog von Würtemberg zwei Diakonen aus dem fürstlichen Stifte zu Tübingen. Aber seines Geistes Kraft war noch ungebrochen und rastlos thätig. Als achtundsiebzigjähriger Greis dictirte er noch auf seinem letzten Krankenlager einem Schreiber das letzte Stück seiner krainischen Uebersetzung von Luther's Postille, welche Arbeit er drei Tage vor seinem Tode beschloß. Am Tage vor seinem Abscheiden erließ er allen Armen, an welche seine Erben hätten Anspruch machen können, ihre Schulden. Dann verharrte er bis zum letzten Augenblicke in Gebet und Anhörung vorgelesener Stellen aus der heiligen Schrift, und als ein anwesender Prediger auf sein letztes Seufzen zu Gott Amen gesagt, ist er still und sanft in dem Herrn entschlafen, am 29. Juni 1586.

Dr. Jakob Andreä hielt ihm die Leichenpredigt über 2. Tim. 4, 5—8 (gedruckt Tübingen 1586) und Professor Martin Crusius von Tübingen schrieb ihm folgende Grabschrift, welche noch heute auf seinem Gedenkbilde in der Kirche zu Derendingen zu lesen ist:

„Vir tumulo hoc sanctus de Slava est gente sepultus,
   Primus, qui Christi praeco fidelis erat.
Imbuit hic primus vera pietate Labacum ,
   Expulsus Domini nomine multa tulit.
Rotenburga habuit fidum Tuberana ministrum,
   Campidoni docuit voce sonante Deum.
Auracum capit hinc in Wurtembergide terra,

Laufaque doctorem, post Derendinga diu.
Transtulit in patriam divina volumina linguam,
Sparsit in eoas dogmata sancta plagas.
Pauperibus pater hospitibus quoque portus et aura,
Vita et canitie, quam venerandus erat!
Pulchre certavit, cursum ratione peregit,
Servavit bene, quam debuit usque fidem.
Magno ergo nunc cum Paulo gerit ille coronam,
Tempore quae nullo marceat aetheream."

was in deutscher Uebertragung etwa so lautet:

„Hier ist ein heiliger Mann vom slavischen Stamme begraben,
Primus, der Christi treuer Verkündiger war.
Dieser enthüllte zuerst die gereinigte Lehre in Laibach;
Vieles, vertrieben von dort, trug er im Namen des Herrn.
Drauf als Prediger wirkt' er in Rotenburg an der Tauber,
Kräftig in Kempten sodann lehrt' er als Diener des Worts.
Von hier kam er nach Urach im württembergischen Lande,
Laufen nannt' ihn sein, Derenbingen zuletzt.
In die slovenische Sprach' übersetzt' er die heiligen Schriften,
Streute die göttliche Lehr' weit in das östliche Land.
Aermern Freunden zugleich ein Vater und Schirmer und Förd'rer,
War er durch Wort und That Allen ein leuchtendes Bild.
Herrlich hat er gekämpft, den Lauf in Ehren vollendet,
Glauben gehalten, dem Herrn bis an das Ende getreu.
Also trägt er nun mit dem heiligen Paulus die Krone,
Trägt er die himmlische nun, welche ja nimmer verwelkt "

## 2. Sebastian Krel.

Nach Truber's Vertreibung aus Krain (Ende Juli 1565)
folgte demselben als „fürnehmster Prediger" und „Superintendent"
in Krain Sebastian Krel.

Derselbe war ein geborner Krainer, hatte früher in Jena,
und dann, seinem von da nach Tübingen übersiedelnden Lehrer fol-
gend, in Tübingen studirt. Ein Gönner in Nürnberg reichte
ihm durch vier Jahre die Kosten zum Studiren, wofür er sich
diesem zu späterm Dienste verpflichtete. Im Sommer 1563 war er
einige Zeit auf Besuch in Laibach, wo er mehrere Male deutsch
und windisch predigte. Der alternde und bisweilen an besorglicher
Schwäche, besonders des Kopfes, leidende Truber benützte diese
Gelegenheit, bei den Ständen den Antrag zu stellen, daß man ihm
diesen jungen Mann zum Gehilfen gebe. Er rühmte dabei seine
ausgezeichneten Kenntnisse in der griechischen und lateinischen Sprache,
in den theologischen und andern Wissenschaften, und seinen Eifer
zum Worte Gottes und zum Predigtamt. Im Landtage wurde
demgemäß (2. August 1563), in der Voraussetzung, daß Krel von
seinen Verbindlichkeiten in Nürnberg sich frei machen könne, die
Anstellung desselben beschlossen. Er wurde berufen, als Gehilfe
Primus Truber's neben Hans Tulschak (Scherer) alle Sonn-
und Festtage in der Spitalkirche eine, außerdem zwei bis drei
Wochenpredigten in deutscher und windischer Sprache zu halten,
seinen jetzigen und künftigen Amtsgenossen bei Austheilung der
Sacramente, bei Trauungen und Krankenbesuchen in der Stadt
beizustehen, auf Ersuchen der Herren und Landleute und ihrer Verwandten, jedoch auf deren Kosten, auch bei ihnen das geistliche
Amt zu verwalten, und das alles in biblischem Sinne und gemäß
der augsburgischen Confession; auch solle er, da er noch jung sei
und sich selber dazu erboten, so viel ihm von seinem Amt und
Studiren Zeit und Gelegenheit übrig bleibe und seine Gesundheit

verstatte („denn er sich seines blöden Kopfs halber nicht wenig be=
sorge"), in des Leonhard Budina Landschaftsschule der edlen
Jugend täglich ein oder zwei Stunden „in hl. güttlicher Schrift
und andern guten Künsten" Vorlesungen halten. Dafür ward ihm
auf das erste Jahr ein Gehalt von 150 Gulden ausgesetzt. Zu=
gleich ertheilte man ihm ein Empfehlungsschreiben an seinen bis=
herigen „Verlagsherrn", damit der ihn entlasse, und eine Voca=
tionsurkunde an den Superintendenten Nikolaus Gallus zu
Regensburg, damit derselbe ihn ordinire, und gab ihm 15 Thaler
Reisegeld mit der Weisung ehestens hinauszureisen, seine Ange=
legenheiten möglichst zu beschleunigen und spätestens drei Monate
nach seiner Ordination wieder hier in Laibach zu sein; im Falle
er jedoch von seinen Verpflichtungen gegen seinen „Verlagsherrn"
nicht ledig werden könne, solle er es ohne Verzug den Verordneten
berichten.

Alles ordnete sich nach Wunsch, und Krel wurde neben
Truber und Tulschak dritter Geistlicher in Laibach. Als im
Herbst 1564 die Pest in Laibach wüthete und die Verordneten
der Landschaft ihren Wohnsitz in (Bischof=) Lack genommen hatten,
beriefen sie mit Truber's Zustimmung Krel dorthin, wobei
Truber noch eine Verbesserung seines Gehaltes empfahl.

Nachdem Truber (Ende Juli 1565) auf landesfürstlichen
Befehl Krain für immer hatte verlassen müssen, machte die Land=
schaft Sebastian Krel, unangesehen seiner Jugend (er war etwa
27 Jahre alt), zu ihrem ersten Prediger und Superintendenten,
indem Tulschak weder durch Gelehrsamkeit, noch durch ausgezeich=
nete Predigtweise sich zu einer solchen Stelle, sondern mehr nur
zu einem Diakonus eignete. Als dritter Prediger scheint Georg
Juritschitsch, welchen wiederholter und strenger landesfürstlicher
Befehl von Stein vertrieb, nach Laibach gekommen zu sein.

Von Krel's allgemeiner kirchlicher Wirksamkeit wird wenig
berichtet. Er war mehr ein stiller, zurückgezogener und wissen=
schaftlicher Beschäftigung hingegebener Mann, den Jedermann hoch
achtete und liebte. Von seiner literarischen Thätigkeit zeugen die
von ihm theils gedichteten, theils übersetzten Kirchenlieder, ein
kleiner einfacher Katechismus in krainischer Sprache (welcher später
in der untersten Klasse der Landschaftsschule eingeführt wurde) und
die krainische Uebersetzung von Spangenberg's Postille, Wintertheil
(zu welchem Georg Juritschitsch nach Krel's Tode den

Sommertheil 1570 übersetzte). In seinem Hause hielt übrigens Truber, als er im Juni 1567 zum letzten Mal seine Heimat auf kurze Zeit besuchte, eine Synode ab.

Doch die frühere Klage und Besorgniß Krel's wegen des „blöden Kopfs" war leider nicht grundlos gewesen, und das Leiden hatte sich in Auszehrung verwandelt, was die geringere Thätigkeit dieses Superintendenten nach außen erklärt. Der arme Mann siechte hin, und bereits im September 1567 nahm seine Krankheit so überhand, daß er ganz dienstuntauglich wurde und die Landschaft sich um einen Ersatz umsah. Sie wendete sich deßhalb (20. Sept. 1567) an den Superintendenten Nikol. Gallus in Regensburg mit der Bitte, ihr schnellstens einen gelehrten und tauglichen Mann von tadellosem Lebenswandel zuzusenden, am liebsten einen, welcher der deutschen und windischen Sprache kundig sei, und wenn der nicht zu finden, einen deutschen; derselbe solle dieselbe Stellung und den gleichen Gehalt wie Krel erhalten. Gallus erwiderte (24. Novbr. 1567, pr. 23. Decbr. 1567): es sei fast unmöglich einen Mann zu bekommen, der beide Sprachen verstehe; es gebe bei ihnen zwar einen (Stephan Consul), welcher auch Herrn Krel bekannt sei, der sei aber nur zu einem Diakonus tauglich und ohnehin sei seine Meinung unbekannt, da er gerade abwesend; er empfehle daher den M. Caspar Melisander, einen Studiengenossen Krel's von Jena und Tübingen her, welcher gegenwärtig Professor an der fürstlichen Schule in Lauingen sei, und sich zur Annahme der Stelle in Laibach bereit erkläre.

Der kranke Krel erfreute sich kurz vor seinem Tode noch dieser Nachricht und war mit Melisander's Berufung zufrieden. Zwei Tage darauf, am Weihnachtstag den 25. Decbr. 1567, verschied er geduldig und christlich an seiner lang gehabten Krankheit, „der Darrsucht." Er hinterließ eine Witwe in bedürftigen Umständen.

### 3. M. Christoph Spindler.

Wie viele Plane gedeihen nicht zur Ausführung! Die krainische Landschaft war noch in Unterhandlung mit M. Casp. Melisander und betrieb seine möglichst eilige Uebersiedlung nach Laibach, da kam ein Brief Dr. Andreä's aus Tübingen, welcher Melisander's Wesen und Eigenschaften als gar nicht tauglich für diese Stellung in Krain schilderte. In Folge dessen schrieb man dem bereits auf der Reise begriffenen und noch einige Tage bei Gallus in Regensburg verweilenden Manne wieder ab. Kurz darauf (17. Mai 1567) traf auch ein Schreiben des Erzherzogs Karl (von Gräz, d. 13. Mai 1567) ein, worin derselbe, nachdem er Melisander's Berufung erfahren, diesem, als einer bösen, aufrührerischen und unruhigen Person, noch vor seiner Ankunft das Land verbot.

So wandten sich denn die im Hofteiding versammelten Herren und Landleute (4. August 1568) an Prim. Truber nach Derendingen mit der Bitte, daß er seinem früheren Versprechen gemäß ihnen an Stelle des verstorbenen Superintendenten ihrer Kirche in Gemeinschaft mit Dr. Andreä einen passenden Prediger zuförderе, jedoch aus ihm leicht begreiflichen Gründen so, daß er (Truber) seinen Namen dabei ungemeldet lasse, und wiederholten dieselbe in Briefen an Truber und Andreä (28. November 1568). Truber gab sich nun große Mühe, eine geeignete Persönlichkeit für die wichtige Stelle in Laibach zu gewinnen. Er wandte sich deßhalb an die geistlichen Räthe in Stuttgart und wechselte Briefe mit Wilh. Bidembach, Luk. Osiander und Dietr. Schnepf um Empfehlung eines tauglichen Mannes; er unterhandelte mit Nik. Kirner, Pfarrer zu Dachtel, M. Euseb. Frey, Pfarrer zu Echterdingen, und Anderen, um sie zur Annahme der Stelle in Laibach zu bewegen. Dazu schlug man von Stuttgart aus lauter ältere Männer in guten Aemtern und mit zahl-

3

reicher Familie vor, welche natürlich die Ueberſiedlung in das ferne
Land ſcheuten oder unannehmbare Bedingungen ſtellten, während
Truber dagegen nach einem jüngern, rüſtigen und noch freien
Manne ſich umſah. Insbeſondere aber richtete er ſeine Gedanken
auf einen jungen Magiſter, welcher ihn beſucht und einige Male
bei ihm gepredigt hatte. Allein M. Chriſtoph Spindler war
noch nicht 23 Jahre alt (er war 1546 zu Göppingen iu Würt=
temberg geboren und hatte im fürſtlichen Stipendium zu Tübingen
ſtudirt), und ſo ſchlugen die bedächtigen Herren in Stuttgart Tru=
ber's wiederholte Bitten um denſelben mit dem Bemerken ab, „der
ſei zu jung und unerfahren, müſſe zuvor doctoriren", und „es wäre
ihrem gnädigen Fürſten nachtheilig, ſo einen jungen in ein ſolches
Land zu verordnen." Selbſt Andreä's ſonſt ſo weitreichender
Einfluß erwies ſich hierin als unzulänglich. Endlich gelang es doch
ihn von den Räthen „auszureißen." Am 18. März 1569 wurde
Spindler in Tübingen zu ſeiner neuen Stelle ordinirt, und An=
dreä, welcher denſelben von Kind auf (ſeit 17 Jahren) kannte,
empfahl ihn der krainiſchen Landſchaft (18. März 1569) mit dem
Lobe: daß er ſich allezeit fromm, züchtig, ſtill, ehrbar und einge=
zogen verhalten, fleißig ſtudirt und einen unſträflichen Lebenswandel
geführt habe; ſie ſollten ſich ſeine Jugend nicht abſchrecken laſſen,
noch daß er hievor im Predigtamt nicht geweſen; er habe nun ſeine
23 Jahre erreicht und könne mit Verſtändniß des Wortes Gottes
und andern Gaben des heiligen Geiſtes ſeine Jugend wol erſetzen;
auch habe er (Andreä) ſich gegen denſelben erboten, bei etwaigen
ſchweren Vorfällen in ſeinem Amte ihm jederzeit mit Hilfe und
Rath die Hand zu bieten. Auch Truber empfahl ihn der Land=
ſchaft (19. März 1569) als hochgelehrt; man möge ihn auch täg=
lich eine Stunde in der Schule brauchen, um den erwachſenern
Schülern Dialektik und Rhetorik zu leſen. Zugleich ſchrieb Tru=
ber an den alten Herrn Leonh. Budina, daß er dem jungen,
im Predigen noch wenig geübten Manne behilflich ſei, ihm, falls
er im Predigen „zu ſtill oder zu behend" werde, ſeinen Fehler an=
zeige, derſelbe werde ihm dafür danken.

Dieſe Briefe brachte Spindler ſelbſt nach Laibach, wo er
am 11. April 1569 eintraf. Sein Empfang hier entſprach den mit=
gebrachten Empfehlungen. Er gefiel den Verordneten, welche fan=
den, daß er in der That ſeine Jugend durch Verſtand und Erfah=
renheit erſetze, und den Zuhörern ſeiner Predigten. Sein Gehalt

wurde auf 200 Thaler festgesetzt. Truber und Andreä waren erfreut aus Krain alsbald die besten Nachrichten von ihm und über ihn zu erhalten, daß er den Verordneten und der ganzen deutschen krainischen Kirche angenehm und von Männiglich, hohen und nie- dern Standes, lieb und in Ehren gehalten sei. Nur auf das Eine machte Truber ihn und auch die Verordneten (17. Juni 1569) aufmerksam: aufzusehen, daß er durch übrige Gesellschaft und Ga- sterei nicht in Müßiggang und Sicherheit gerathe.

Und in der That, Spindler's Lage in seinem Amte zu Laibach bot, zumal bei seiner Jugend und Unkenntniß des Landes und der Sprache, Schwieriges und Gefahrvolles genug. Während der Erledigung der ersten geistlichen Stelle war mancher Mißbrauch in der Laibacher Kirche eingerissen. Der alte windische Prediger Hans Tulschak und sein Amtsgenosse Caspar Kumperger (seit 1568 in Laibach) hatten z. B. unter Klombner's Zustim- mung angefangen, den Chorrock gänzlich abzulegen. Dieselben waren von den Verordneten abgemahnt und endlich (auf Andreä's Rath) mit Entlassung bedroht worden. Kumperger stand nun von die- sem Vornehmen ab, Tulschak jedoch, welcher eigensinnig bei dem- selben beharrte, wurde in der That bald nach Spindler's Amts- antritt von der Landschaft seines Dienstes entlassen, und an seine Stelle (8. Juni 1569) der bisherige evangelische Prediger in Tschernembl, Hans Schweiger, angestellt. Auch Truber billigte (in seinem schon erwähnten Schreiben vom 17. Juni 1569) das Verfahren der Verordneten gegen Tulschak, „denn", schreibt er, „wir streiten mit den Päpstischen nicht von wegen des Chorrocks oder abiaphorischer Ceremonien, sondern wie der Mensch wiederum vor Gott mag fromm, gerecht und selig werden."

Auch nach außen gab es Schwierigkeiten zu überwinden. Der orthodoxe Eiferer Andreä, welcher wohl glauben mochte, in dem jungen, von ihm empfohlenen Spindler ein gefügiges Werk- zeug, und durch dasselbe in Krain einen ergiebigen Boden für seine Plane gefunden zu haben, sendete (14. März 1571) der krainischen Landschaft den Zerbstischen Abschied, das ist sein „Tractätl" von der Zerbstischen Synode: „Gründlicher wahrhafti- ger und beständiger Bericht von christlicher Einigkeit der Theologen und Prädicanten, so sich in einhelligem rechten wahrhaftigen und eigentlichen Verstand zu der Augspurgischen Confession in Ober- und Niedersachsen sammt den Oberländischen und Schwäbischen

Kirchen bekennen, durch etlicher chriftlicher Fürften Gefandte im 69. und 70. Jahre eigentlich erkundigt, und zu Zerbft auf dem Synodo durch der chriftlichen Churfürften, Fürften und Erbaren Städte Abgefandte und verfammelte Theologen den 10. Mai gegen einander erklärt. Gedruckt zu Wolfenbüttel durch Cunrad Horn M.D.LXX." mit dem Anfinnen zu, daß derfelben Kirchendiener ihren Confens dazu erklären und ihn unterfchreiben möchten. Im Hofteibing (18. Juni 1571) wurde befchloffen, darüber Spind= ler's (welcher in die Landmannfchaft aufgenommen und fomit felbft Mitglied der Landftände geworden war) und der andern Prediger Gutachten einzuholen. Daraufhin ertheilte der Ausfchuß (2. Juli) an Andreä, unter Anerkennung feiner Bemühungen für die Ehre Gottes und die Einigkeit der chriftlichen Kirche, mit Hinweis auf die in Krain obwaltenden Verhältniffe eine ablehnende Antwort.

Während Spindler fo gleich Anfangs in feinem neuen Amte Unangenehmes und Schwieriges genug hatte, fand er ande= rerfeits einen wohlthuenden Erfaß dafür in der Begründung einer fchönen Häuslichkeit. Er verheiratete fich nämlich (wie es fcheint 1571) mit Anna von Reitenftein, der Tochter Karls von Reitenftein, eines krainfchen Adeligen, und feiner Gemahlin Su= fanna, gebornen von Mauritfch=Mosperg. Damals (1571), ver= muthlich zum Hochzeitsfefte, erfreute ihn auch der Befuch feines Vaters, welchem die Landfchaft, ihren Superintendenten zu ehren, ein Reifegefchenk von 24 fl. rh. machte (15. Juni 1571).

Spindler war in feiner kirchlichen Wirkfamkeit zunächft darauf bedacht, tüchtige Geiftliche in's Amt zu bringen. So betrieb er nach des Predigers Franz Steiner (in Laibach 1569—70) Tode mit befonderem Eifer die Berufung des von Truber fo warm empfohlenen M. Georg Dalmatin nach Laibach (1572), wodurch die evangelifche Geiftlichkeit der Hauptftadt eine fchätzens= werthe und um fo nothwendigere Verftärkung erhielt, als Kum= perger fich nicht als für feine Stelle ganz geeignet erwies. Am meiften aber wendete Spindler feine Sorgfalt dem Schulwefen zu. Schon 1566 war nämlich der alte Rector Bubina penfionirt und an feine Stelle Abam Bohoritfch, bisher Schulmeifter in Gurkfeld, berufen, die Stadtgeiftlichen aber waren von der Landfchaft zu Schulinfpectoren ernannt worden. So arbeitete nun Spindler, als erfter Geiftlicher, mit Bohoritfch, dem fpäter fo berühmten erften Grammatiker der Krainer, eine neue Schul-

ordnung aus, welche im Laufe der Jahre fort und fort revidirt
und verbessert wurde. Indem dadurch die Schule in vier Klassen
getheilt ward, ergab sich auch die Nothwendigkeit einer Vermehrung
der Lehrkräfte; die Zahl der „Collaboratoren" stieg nun auf drei,
und die ganze Einrichtung, welcher wol die württembergischen
Schulen zum Muster dienten, kann als musterhaft für die Ver-
hältnisse bezeichnet werden. Die Schulstunden dauerten Morgens
von 6—9 Uhr, und Mittags von 12—3 Uhr. Die unterste
(erste) Klasse zerfiel in drei Abtheilungen: a) die der Alpha-
betarier, welche aus der tabula elementaris latina, dem cate-
chismus Brentii latinus und der nomenclatura rerum Sebaldi
Heiden buchstabiren, syllabiren und Wörter lesen, auch Einiges
auswendig lernen mußten; b) die der Vorgerückteren, welche
in der Catechesis D. Brentii latina, dem Donat, den libelluli
Evangeliorum dominicalium latini et germani, der Catechesis
Sebastiani Crelii (slavica), und auch wohl aus den formulae
colloquiorum S. Heiden die Leseübungen fortsetzten und daraus
auswendig lernten; auch begannen sie die ersten Schreibübungen;
c) derjenigen, welche blos in deutscher Sprache lernten; ihre
Lehrbücher waren: D. Brenz' deutscher und Seb. Krel's slavischer
Katechismus, die Sonntagsevangelien und andere fromme deutsche
Bücher, deutsche geschriebene Schriften, und das deutsche Rechen-
buch; Schreiben, Lesen, Rechnen, Auswendiglernen (besonders der
Sonntagsevangelien, und falls dieselben zu lang waren, eines Theils
davon) waren auch hier die Hauptgegenstände des Unterrichts. In
der zweiten Klasse waren als Schulbücher vorgeschrieben:
Donat, oder ein lateinisch-deutsches, dieselben Beispiele enthalten-
des Buch, Dialogi Sebaldi Heiden, Brenz' deutscher Katechismus
(welcher nach dem slavischen auch nach und nach gelernt werden
solle), die deutschen und lateinischen Evangelienbücher, Mimi Pu-
bliani Proverbia Salomonis, und Cato oder andere fromme
Sentenzen; die Schüler dieser Klasse hatten den slavischen Katechismus herzusagen, desgleichen lateinische Sätze aus dem Gedächt-
niß zu wiederholen und neue zu lesen, und sich im Lesen und
Schreiben zu üben. Die dritte Klasse war die der Dona-
tisten, welchen die Evangelia dominicalia latina, Catechesis
D. Brentii latina, Donatus, Quaestiones grammaticae latinae,
Ciceronis epistolae quas Sturmius extraxit, Cato, Arithmetica, Musica Henrici Fabri, Dialogi Castellionis, Proverbia

Salomonis und Fabelli Aesopici als Lehrbücher vorgeschrieben
waren; diese Schüler hatten die lateinischen Evangelien und den
lateinischen Katechismus auswendig zu lernen; Schreiben, Arith=
metik (mit der vierten Klasse zusammen), Musik, lateinisch Decli=
niren und Conjugiren (wobei zugleich die deutsche Bedeutung der
Wörter gelernt wurde) und einige passende formulae loquendi
bildeten die Leistungen dieser Klasse, deren Schülern übrigens der
Gebrauch der slavischen Sprache verboten war. In der vierten
Klasse waren die Grammatisten, deren Lehrbücher Quaestiones grammaticae latinae ex Philippo Melanthone (illae
nimirum, quae in usum tertiae et quartae classis scholarum
Ducatus Wirtembergensis collectae sunt), Ciceronis epistolae
familiares, Terentius, Virgilius (oder loci communes ex
Ovidio oder andern Dichtern), Arithmetica, Musica, libelluli
graeco-latini Evangeliorum dominicalium, Novum Testa-
mentum graeco-latinum, tabulae graecae Neandri, Crusii vel
scholae Argent. I. part., Dasipodii lexicon latino-germani-
cum, Calepinus, Nizolius schon den Umfang ihrer Leistungen
ziemlich bezeichnen; Auswendiglernen der Grammatik, Lectüre des
Cicero, mit Analyse nach den Regeln der Etymologie und Syntax,
lateinische Phrasen und Redeweisen, Arithmetik (mit den Fähigern
der dritten Klasse zusammen), Musik, die Regeln der Syntax und
der Prosodie, Lectüre des Terenz oder des Virgil (oder statt dessen
zur Uebung der Regeln der Prosodie von Stücken aus dem Ovid
oder einem andern Dichter) mit Auswendiglernen bildeten die
Hauptgegenstände derselben. Mittwochs und Samstags wurden
den größeren Knaben die griechischen Sonn= und Festtags=Evan=
gelien mit lateinischer Ueberſetzung vorgelesen, die Knaben dabei
zur griechischen Grammatik angeleitet und dadurch zum Studium
der griechischen Sprache vorbereitet. Während dieser Stunde wurde
den Schülern der dritten Klasse das lateinische Evangelium deutsch
exponirt. An eben diesen Tagen wurden zur Stylübung theils
aufgegebene, theils selbst ausgearbeitete deutsche Aufsätze in's La=
teinische übersetzt. Diejenigen, welche die lateinische Grammatik
und die griechische Etymologie vollkommen inne hatten und sonst
fähig waren, sollten auch die Regeln der Dialektik und Rhetorik
lernen, und deshalb auch Einiges aus Isokrates und Demosthenes
lesen, desgleichen eine Einleitung in die natürliche und Moral=
philosophie, in das Compendium der Theologie und in die Geo=

graphie erhalten, außerdem noch aus der Mathematik eine Ueber-
sicht der Lehre vom Kreise, damit sie ihre Zeit gut anwenden und
zur Universität desto geschickter werden. Uebrigens durften die
Schüler dieser Klasse in der Schule nicht deutsch reden und mußten, wenn sie sich etwa lateinisch nicht auszudrücken wußten, erst
um die Erlaubniß bitten deutsch zu sprechen. — Jährlich wurden
in Gegenwart der Schulinspectoren, zu Georgi und Michaelis,
zwei Schulprüfungen abgehalten, bei welchen zugleich die Ver-
setzungen in die höheren Klassen stattfanden. — Wenn außer dem
Sonntage kein Festtag in der Woche vorfiel, so durften die Knaben
Mittwoch Nachmittags zu Hause oder außerhalb der Stadt in Gegenwart eines Lehrers sich an einem anständigen Spiel erlustigen.
— An Sonn- und Festtagen wurde Morgens vor der Predigt der
Katechismus in slavischer, deutscher und lateinischer Sprache her-
gesagt, auch das betreffende Evangelium von den Größern (dritte
und vierte Klasse) in lateinischer, von den Kleinern (zweite und
erste c Klasse) in deutscher Sprache gelesen und erklärt. — Zum
Anfang und zum Schluß der Schulstunden wurde gemeinschaftlich
gesungen und gebetet, Morgens: Veni creator spiritus mit der
Collecte, Mittags: Veni sancte spiritus mit der Collecte, darauf
ein Psalm und der ganze Grenzische Katechismus, wechselsweise
lateinisch, deutsch oder slavisch; darauf begab sich Jeder in seine
Klasse und an seinen Platz; die Lehrer verlasen das Schülerver-
zeichniß, und notirten und bestraften die Zuspätkommenden oder
ganz Ausbleibenden ("emanentes"); zum Schluß Aufsagen lateinischer und deutscher Bibelsprüche, oder eines Theiles der Haustafel, und Gesang des: Serva Deus. — In Beziehung auf gute
Sitten und Anstand war den Schülern auf der Straße ein anständiger Gang (weder zu langsam, noch zu schnell) und ein höf-
liches Grüßen ("aperire caput") anständiger Männer und Frauen,
in der Schule Stillsitzen am Platz, welcher nur mit Erlaubniß des
Lehrers verlassen werden durfte, beim Gebet innige Andacht und
Händefalten, beim Gesang Aufmerksamkeit, Wohlanständigkeit, Mun-
terkeit und Lernbegierde vorgeschrieben; vor dem Weggehen aus der
Schule hatte Jeder seine Sachen ordentlich zusammenzupacken
und an den dazu bestimmten Ort zu legen. Zu Hause sollen die
Knaben des Morgens gleich nach dem Gebet den Eltern guten
Morgen wünschen, dann sich ankleiden, die Haare ordnen, die
Hände (weiter nichts!) waschen und stracks zur Schule gehen; aus

dieſer nach Hauſe zurückgekehrt ſollen ſie, falls ihnen die Eltern
nicht etwas auftrügen, jede von nothwendigen häuslichen Geſchäften
freie Zeit zu Wiederholen und Schreiben verwenden; wenn es
ihnen befohlen werde, ſollen ſie den Tiſch decken (mit Tiſchtuch,
Tellern, Löffeln, Bechern und andern Tiſchgeräthen), zu Tiſch
lateiniſch, deutſch oder windiſch beten, dann auf Geheiß der Eltern
ihren Platz einnehmen, oder, wenn ſie bei Tiſch bedienen müßten,
in geziemender und gerader Haltung ohne wegzulaufen dabeiſtehen
und wohl Achtung geben, ob etwas fehle, etwas darzureichen, her-
beizubringen oder wegzutragen ſei; wenn ſie ſelbſt miteſſen, ſollen
ſie nach genommener Mahlzeit zuerſt aufſtehen, ihren Teller ſammt
Löffel und Meſſer (Gabeln waren in Krain damals alſo noch nicht
in Gebrauch) nehmen und an den dafür beſtimmten Ort ſtellen, zum
Schluß der Mahlzeit ſollen ſie wie vor Tiſch beten, auch, wenn
es verlangt wird, ſingen, doch nicht zu laut, damit die Verdauung
nicht geſtört werde („ne stomachus, qui cibum sumptum con-
coquit, nimia illa agitatione apertus hiatusque concoctionem
impediat, cerebrumque crudis adhuc vaporibus immodico
motu eo evocatis obnubilet, quod officit etiam memoriae et
aliis ingenii viribus“). Auf die Straße ſollen die Knaben nur
auf Befehl der Eltern oder des Lehrers gehen, dann ſtets anſtändig; wenn ſie Wege geſchickt werden, ſollen ſie die Aufträge ſorg-
fältig ausführen und etwa erhaltene Antwort richtig nach Haus
bringen. Wenn ihnen die Eltern einmal ein anſtändiges Spiel
erlauben ſollten, ſo ſollen ſie dabei kein Geſchrei machen, damit
nicht Fremde über die der Wiſſenſchaft Befliſſenen ſich aufhalten
und der Lehrer ſie ſtrenge beſtrafen müſſe. Für die Kirche ſollen
ſie zum Gottesdienſt ihre deutſchen und windiſchen Geſangbücher
bei ſich haben, daraus vor und nach der Predigt mitſingen, während dieſer aber nicht zerſtreut ſein, noch Poſſen treiben, ſondern
mit aller Aufmerkſamkeit zuhören, damit ſie zu Hauſe und in der
Schule von dem Gehörten, wenn man ſie frage, Bericht geben
können. Beim Gebet ſollen ſie andächtig mitbeten, bei der Litanei bis zu Ende knieend mit gefalteten Händen und mit andäch-
tiger Miene und Körperhaltung dem Vorſänger antworten; nach
beendigtem Gottesdienſte ſollen ſie je zwei und zwei ſich wieder in
die Schule begeben und von dort nur nach abgehaltener Ausfrage
und dazu erhaltener Erlaubniß des Lehrers nach Hauſe gehen.
Bei ſtattfindenden Beerdigungen ſollen die Knaben anſtändig je

zwei und zwei mit einander gehen, aus ihren Gesangbüchern die
Begräbnißlieder singen, daran denken, daß alle einmal („semel"!)
sterben müssen, und auch die Leichenpredigt aufmerksam anhören.
— Auch solle an Mittwochen und Samstagen, damit der Kirchen=
gesang desto lieblicher werde, nach beendigter Schule der Cantor
(damals Werner Feurer, Schulmeister an der deutschen Stadt=
schule) mit seinen gesangkundigen Schülern in die lateinische Land=
schaftsschule zu kommen und dort die Lieder für den Gottesdienst
des folgenden Tages mit allen Knaben zusammen einzuüben ge=
halten sein. — Endlich solle in der Schule eine Tafel an der
Wand aufgehängt werden, welche die Gebote der Frömmigkeit und
des Anstandes kurz enthalte, damit die Knaben durch deren Anblick
stets an ihre Pflicht erinnert würden; auch werde es nicht unnütz
sein, wenn ihnen der Lehrer bisweilen dieselben erkläre, und sie von
ihnen auswendig lernen lasse; auch solle in jeder Klasse ein Lec=
tionsplan für die ganze Woche und das Verzeichniß der vorge=
schriebenen Schulbücher aufgehängt sein. — Außer diesen mehr
bemerkenswerthen Bestimmungen enthält S p i n d l e r's Schulord=
nung auch noch eine besondere, mehrfach revidirte Instruction für
die Collaboratoren. Während nämlich der Schulrector zugleich
Lehrer der vierten Klasse war, hatte der Collaborator in der dritten
Klasse seinerseits die Verpflichtung, dem Rector bei seinem Kna=
benpensionat als Gehilfe beizustehen, wofür er bei demselben Kost
und Quartier und 50 fl. Gehalt erhielt; die beiden andern Col=
laboratoren erhielten dagegen jeder 70 fl. rh. jährlich. Diese Stel=
lung zum Rector gab zu häufigen Mißverhältnissen Anlaß, welche
man durch mancherlei Anordnungen zu beseitigen suchte. Stets
aber wurden die Collaboratoren verpflichtet ein Beispiel guten Le=
benswandels zu geben, öffentliche Weinhäuser und schlechte Gesell=
schaften zu vermeiden, sich nüchtern, bescheiden und würdevoll zu
verhalten, zu rechter Zeit sich zu den Schulstunden einzufinden,
beim Gebet sich andächtig zu benehmen, beim Unterricht nicht ihrem
Kopfe, sondern der Schulordnung genau zu folgen, die Jugend
human zu behandeln und so deren Liebe, wie die der Eltern sich zu
erwerben, wodurch ihr schweres Amt ihnen leicht gemacht werde;
insbesondere sollten sie die Verschiedenheit des Charakters und der
Anlagen ihrer Schüler wol berücksichtigen, beim Strafen lieber zu
wenig thun (weil die Charaktere verschieden seien, die Mittelstraße
hierin zu halten schwer sei, und im Uebermaß leicht gefehlt werde),

und die Schulstunden nie, außer mit Erlaubniß des Rectors ver=
säumen, auch in denselben vorkommenden Falls Gespräche nicht in
der Klasse führen; sie sollten sich nicht schämen die Schüler in die
Kirche oder zu Beerdigungen hin und zurückzubegleiten; sie sollten
jeder in seiner Klasse Merker haben (Coricae, ut appellant),
welche die slavisch Redenden und die Ungezogenen aufzumerken und
zur gebührenden Bestrafung anzuzeigen hätten; bei dem Unterricht
und den Uebungen in der Musik sollten sie dem Rector gehörig
beistehen, dem sie überhaupt, so wie den Schulinspectoren die schul=
dige Ehrerbietung und Gehorsam zu leisten stets eingedenk sein
sollten; diesen hätten sie auch gegründete Beschwerden bescheiden
vorzubringen, und nur, wenn von ihnen keine Abhilfe erfolge, sich
an die Stände zu wenden; schließlich sollten sie nicht mitten im
Schuljahre und plötzlich, sondern nur nach längerer Kündigung
und unter Stellung eines tauglichen Vertreters ihre Stelle
verlassen.

Diese Schulordnung zeigt deutlich, von welchen Uebelständen
das damalige krainische Schulwesen zu leiden hatte. Auffallend ist
bei der Vernachlässigung der Geographie und der Mathematik und
bei der gänzlichen Außerachtlassung der Geschichte und der deut=
schen Sprache die hohe Stellung, welche der Musik angewiesen
war. Spindler ward bei Beförderung dieser Kunst wesentlich
vom Rector Adam Bohoritsch unterstützt, welcher selbst ein gro=
ßer Musikfreund war und eine ansehnliche Sammlung (2000 Stück
meist gedruckter, theils auch geschriebener Gesänge zu 8, 7, 6, 5,
4 und 3 Stimmen, lateinische, deutsche, italienische, französische und
krainische, so von den berühmtesten alten und neuen Meistern in
der Musik lieblich und künstlich gesetzt, welche theils in der Kirche,
theils bei andern herrlichen Freuden und Versammlungen und das
auf allerlei Instrument recht und lustig zu gebrauchen) besaß und
später der Landschaft schenkte. So kam es, daß damals Laibach
viele andere Städte in der Pflege der Musik übertraf, und mit
den bedeutendsten wetteiferte. Wie in den meisten Gegenden Deutsch=
lands bald nach der Reformation war natürlich auch hier die Kirchen=
musik vorherrschend. Ein Cantor und ein Succentor waren ange=
stellt, eine Orgel fehlte in der Elisabethkirche nicht, Figural= und
Choralmusik wurden gepflegt und Stadtzinkenisten („Thürmer," —
ein Meister mit vier Gehilfen) von der Landschaft unterhalten.

Doch hatte Spindler nicht lauter so liebliche Geschäfte wie

die Beförderung der Musik. Da gab es bald Prediger und Predigtamtsbewerber über ihre Rechtgläubigkeit und ihre Kenntnisse zu prüfen, wie z. B. den von der Regierung der Sectirerei beschuldigten Prediger Hans Gotschewertschitsch von Natschach (1572) und einen aus Kroatien berufenen Hilfsprediger für Gregor Blahobitsch in Mötling (1576), bald wurde er von armen Schülern und Studierenden, z. B. Dan. Xylander u. v. A., wegen Empfehlung zu einer Unterstützung oder einem Stipendium in Anspruch genommen; fortwährend hatte er Berichte über innere Kirchen = und Schulangelegenheiten, wie Stellenbesetzungen, Gehaltsbestimmungen, Zulagen und Geschenke zu erstatten, Ausflüge zu Amtsfunctionen zu machen, zu predigen, die Schule zu beaufsichtigen u. s. w. Im Jahre 1575 (25. September) hielt er die Leichenrede bei der Beisetzung der Leiche des berühmten, bei Budaschki (22. September 1575) gefallenen Landeshauptmanns in Krain, Herbart's von Auersperg, welche in Druck erschien. (Laibach, 1575, 4⁰.)

Aber unter allen Arbeiten und Mühen war und blieb die Sorge für Verbesserung des Schulwesens sein Hauptaugenmerk. Nicht nur besserte er fortwährend an der von ihm entworfenen Schulordnung, sondern er ruhete auch nicht, bis die Stände auf sein Betreiben eine gründliche Reform der Landschaftsschule vornahmen, wozu noch andere kirchliche Ereignisse mitwirkten.

Hatte man früher in Krain das Verlangen gefühlt, die einzelnen evangelischen Gemeinden durch Truber zu einer Landeskirche sammeln und ordnen zu lassen, so hatte sich nun hier, wie in Kärnten und Steiermark, das bringende Bedürfniß herausgestellt, die evangelischen Kirchen dieser drei in so vielfacher Beziehung mit einander stehenden Länder möglichst gleichförmig zu gestalten. Demgemäß hatten die auf dem vereinigten Landtage zu Bruck an der Mur versammelten weltlichen Stände der drei Länder, welche sämmtlich der evangelischen Kirche angehörten, (am 22. Februar 1578) eine Kirchen= und Schulconvention geschlossen, nachdem ihnen vom Erzherzog Karl durch die sogenannte Religions-Pacification auf Grund des Grazer Vergleichs von 1572 die Freiheit der Ausübung des evangelischen Glaubensbekenntnisses ertheilt worden war. Die Ausführung dieser Vergleichung in Kirchen- und Schulsachen verzögerte sich in Krain, dessen Geistliche bei der betreffenden

Besprechung nicht anwesend gewesen waren, bis ins folgende Jahr (1579). Inzwischen hatte Georg Dalmatin, damals Prediger in Laibach, seine krainische Uebersetzung der ganzen Bibel vollendet und betrieb unter Spindler's wirksamem Fürwort deren Drucklegung. Dieser selbst hatte schon früher für eine neue Ausgabe des windischen Gesangbuchs (Laibach 1570, 12°) gesorgt und drängte jetzt zur Ausführung der Brucker Vergleichung. Zu genauerer Durchführung derselben schlug er der Landschaft vor Gesandte zu vollständiger Besprechung und Erkundigung der hieher gehörigen Fragen in die beiden Nachbarländer zu senden. Die Landschaft nahm diesen Vorschlag an und beauftragte Spindler'n ein Memorial zur Instruction derselben zu verfassen.

Dieser Entwurf gewährt einen interessanten Einblick in Spindler's damalige Thätigkeit und die brennenden Fragen der evangelischen Kirche in Krain zu dieser Zeit. Er erinnert zunächst an den Brucker Beschluß, alle evangelischen Prediger und Schullehrer der drei Länder in deren Hauptstädte einzuberufen und sie vom Ministerium derselben über ihre Rechtgläubigkeit prüfen und durch Revers auf die aufgestellte „norma veritatis" verpflichten zu lassen; solches sei auch in Steiermark und Kärnten bereits geschehen, und nur in Krain noch rückständig; daher sollten die Gesandten, bevor man es ins Werk richte, sich genau danach erkundigen, welchergestalt man es dort vorgenommen habe. Ferner sei eine eingehende Besprechung mit den dortigen Theologen über die Kirchenagenda und Ceremonien, insbesondere über die Taufe, den Katechismus und die Haustafel, die Beichte und Privatabsolution und über das Abendmahl für die beiden reformirten Kirchen Krains, die windische und die deutsche, nothwendig, welche sich bisher der Würtembergischen Kirchenordnung bedient hätten. Weiter müsse über die Anstellung des Ministerii, über die Schulordnung, die Instruction des Schulrectors und der Collaboratoren, sowie der Schulinspectoren, über die Kirchenvisitationen, ihre Zeit und Zahl, über die Synoden, Consistorien oder Zusammenkünfte der Prediger, über die Kirchenzucht und Excommunication, über die Bettelordnung und die Erhaltung der Hausarmen und dürftigen Leute, über das Collegium der Stipendiaten, über die Unterstützung armer Schüler, über die Instruction der Eleemosynarier, insbesondere über die Er-

richtung eines „Kirchenraths" (aus was für Personen derselbe bestehen solle) und andere gute Ordnungen und Einrichtungen
Rücksprache genommen und verhandelt werden, um möglichste
Gleichförmigkeit zu erzielen. Schließlich wäre bei dieser Gelegenheit die bereits schriftlich angesuchte Hilfe und Unterstützung der
Nachbarländer zum Druck der windischen Bibelübersetzung
zu betreiben. — Man sieht, der junge Superintendent war bereits
zum vollkommenen Kirchen-Organisator gereift.

Die Landschaft entwarf nach diesem Memorial eine Instruction und schickte Spindler'n selbst mit dem Stadtschreiber M.
Melchior Pantaleon als Gesandte nach Steiermark und Kärnten, um so mehr, als Krain damals bei den Nachbarn im Rufe
stand, daß es sich gern von ihnen absondere, welcher Ruf durch
noch längere Verzögerung der Ausführung der in Bruck gefaßten
Beschlüsse neue Nahrung erhalten haben würde.

Die erste Frucht dieser Reise Spindler's (1579) war die
Anbahnung weiterer Verhandlungen wegen des windischen Bibel-
drucks, welche durch vielfache Correspondenzen, und eine Sendung
Georg Dalmatin's nach Steier und Kärnten endlich dahin ge-
diehen, daß vom 28. August bis 22. October 1581 eine Conferenz
von Theologen und Philologen zur Revision der Uebersetzung in
Laibach tagte, welcher auch Spindler beiwohnte, so viel ihm
die Geschäfte seines Amtes erlaubten. Weiter wurde dadurch zu
einem endlichen Versuche, die Landschaftsschule auf eine höhere
Stufe zu heben, der Grund gelegt; zwar mußte Spindler des-
wegen noch manchmal an die Stände schreiben und mahnen, aber
die Sache kam denn doch endlich einmal in Gang. Drei Umstände
waren es besonders, welche Spindler als nothwendig zum Gelingen derselben betrachtete und den Ständen empfahl, nämlich:
die Aufstellung tüchtiger und nicht machtloser Schulinspectoren
(Geistliche und Weltliche unter einem Verordneten als „Präsiden-
ten"), ferner die Pensionirung des alten, „baufällig" werdenden
Bohoritsch und Anstellung eines neuen, tüchtigen Schulrectors
und endlich die Unterstützung armer Schüler durch regelmäßige
Liebesgaben und Errichtung von Stipendien. Die letzte Frage war
in mancher Beziehung die wichtigste, weil die Söhne wohlhabender
Familien sich nicht der Theologie, sondern lieber einem einträg-
lichern Studium zuwandten, die ärmern Knaben dagegen in Noth-
lagen sich leicht der andern Kirche in die Arme warfen, welche

über größere Geldmittel gebot, weßhalb zu besorgen stand, da die ältern Prediger dahinstarben (in den letzten zehn bis zwölf Jahren allein zwölf windische Prediger) und kein genügender Nachwuchs vorhanden war, daß künftig an tauglichen Kirchen= und Schuldienern in windischer Sprache ein fühlbarer und nachtheiliger Mangel entstehen werde. Zur Beseitigung dieses Uebelstandes errichtete die Landschaft später (1. Juli 1582) drei Stipendien von je 50 fl. jährlich für Studirende in Tübingen, Heidelberg oder Straßburg. Bezüglich des ersten Punktes, der Schulinspectoren, geschah vor der Hand nichts; es blieb vielmehr bei der hergebrachten Einrichtung, daß die Prediger in Laibach einstweilen im Auftrag der Landschaft als Schulinspectoren weiter fungirten, ein Uebelstand, dessen Folgen sich bald fühlbar machten. In Berücksichtigung des zweiten Umstandes schritt die Landschaft gemäß Spindler's Antrag zur Pensionirung des Rectors Bohoritsch (welcher zum Schulinspector ernannt wurde) und weiterhin, wohl auch nicht ohne wesentliche Theilnahme Spindler's, zur Berufung des Dr. Nikodemus Frischlin zum Schulrector. Frischlin kam nach Laibach und stieg zunächst bei seinem Landsmann Spindler ab; hätte dieser jenen vorher genau gekannt, so würde er seiner Berufung gewiß entgegengetreten sein, denn er war ein zu einsichtsvoller Mann, um nicht zu sehen, daß Frischlin's genialisches Wesen und dichterische Ungebundenheit ihn bei all seinen hohen Vorzügen für die Leitung einer Schule so untauglich machten, als Andere ihre Altersschwäche oder ihre trockene Schulmeister=Pedanterie.

Frischlin entwarf eine neue Schulordnung, und trat nach derselben sein Schulamt am 1. August 1582 an. In einer sanguinischen Eröffnungsrede verhieß er von derselben glänzende Früchte, insbesondere daß jeder Schüler nach einjährigem Besuch seiner Classe für die nächsthöhere reif werden sollte. Dieses Versprechen ging natürlich nicht in Erfüllung, weßhalb Frischlin am 21. August 1583 ein neues Schulproject (vom 20. August) vorlegte. Dabei empfahl er die Anstellung von Schulinspectoren und erbat sich die Erlaubniß zu einer Reise nach Venedig, um dort seine neuen Schulbücher: Grammatik, Cato, Elementale und Nomenclatura (in sechs Sprachen) drucken zu lassen. Natürlich holten die Verordneten hierüber das Gutachten Spindler's und der übrigen Laibacher Prediger (H. Schweiger's, Fel. Truber's, Joh. Tulschak's; Gg. Dalmatin war damals abwesend) als der bestehenden

Schulinspectoren ein, welche gerade Frischlin bisher nicht als
solche hatte anerkennen wollen. Diese erklärten sein Project bei
aller Anerkennung der guten Absicht für unausführbar, „denn ein
Gesatz sich nit so leicht ins Werk bringen läßt, als leicht es ge-
dacht, gemacht, geredt und geschrieben wird." Sie wollten von
Herzen zufrieden sein und Gott danken, wenn ein Knabe in an-
derthalb bis zwei Jahren seine Classe absolvire, und es sei unmöglich, alles das in einer Stunde gehörig und mit Nutzen zu
verrichten, was Frischlin projectire; z. B. solle der Untermei-
ster (Collaborator) in der untersten Classe, darin die allerjüngsten
Knaben von sechs bis acht Jahren (deren über 50 seien) in vier
Decurien abgetheilt sich befinden, in der ersten Stunde das Mor-
gengebet mit zwei Decurien verrichten, dann den Katechismus von
denen, die ihn können, sowol in windischer als in deutscher Sprache
ganz, von den Uebrigen aber bloß das Stück, welches ihnen Tags
zuvor aufgegeben worden sei, nacheinander hersagen lassen; darauf
sollen die obersten die paradigmata declinationum et conjuga-
tionum recitiren und die legentes ihre Lection lesen und aufsagen
— und das alles in Einer Stunde. Mit der Aufstellung von
Schulinspectoren bis zur Errichtung eines Kirchenrathes erklärten
sie sich ganz einverstanden, da sie selbst, die bisher provisorisch
fungirenden, zwar von den Verordneten, aber nicht von Frischlin anerkannt würden, wie er Einem von ihnen selbst gesagt, da
dieser ihn ermahnt, nicht so viel Ferien nach seinem Gutdünken
zu machen. Von den Schulbüchern des Herrn Rectors dürften
der Cato novus, das Elementale und die Nomenclatur in
sechs Sprachen recht nützlich sein, wenn sie nur möchten gedruckt
werden, doch nach vorhergegangener Durchsicht und Censur; bezüglich der in Gebrauch stehenden Grammatik sei allerdings nicht
wenig darin auszumustern und zu verbessern, und diejenigen Stücke,
welche sie von der Frischlin's gelesen, enthielten viel Gutes und
Neues, doch könnte ohne Einverständniß der beiden andern Länder,
mit denen man sich erst in Folge der Brucker Besprechung über
die Straßburgische Grammatik verglichen, diese neue Grammatik,
auch wenn dieselbe gedruckt werde, nicht eingeführt werden, um so
weniger, als der Herr Rector manchmal von seinem Weggang rede
und dann für die hiesigen Schüler, falls sie auf eine andere
Schule kommen (wie schon dies Jahr mehrfach geschehen) oder ein

neuer Rector hieher komme, dem die Grammatik nicht gefalle, daraus nur „Confusion" entstehe.

Daß durch dergleichen praktische Ansichten Spindler's und seiner Amtsgenossen manche Plane Frischlin's durchkreuzt und manche Unannehmlichkeiten zwischen jenen und diesem hervorgerufen wurden, läßt sich leicht denken. So verließ denn Frischlin im nächsten Jahre (1584) seine Stelle in Laibach wieder. Mittler-weile war auch unter Spindler's regster Theilnahme durch die Absendung Georg Dalmatin's und Adam Bohoritsch's nach Wittenberg dort der Druck der vollständigen krainischen Bibel-übersetzung des Ersteren zu Stande gekommen.

Unter allen diesen wichtigen äußern Ereignissen war Spind-ler fort und fort in der Erfüllung seiner Amtspflichten als Pre-diger und Seelsorger unermüdet thätig geblieben. Aber auch in dieser Wirksamkeit hatte er mancherlei Schwierigkeit zu bestehen. So wurden ihm einst (am 27. Januar 1586), als er von einer in Stein (bei Laibach) vollzogenen Function heimritt, von Mer-cina, dem katholischen Pfarrer daselbst, auf der Straße die ge-meinsten Schimpf- und Drohworte nachgeschrien: „Du loser Schelm und Bösewicht, was hast du da herinnen zu thun; kommst du mir mehr da herein, so will ich dich mit Prügeln hinausschmieren, du loser Schelm und Bösewicht." Da sich Spindler ohne ein Wort zu sagen, hierauf ein wenig umschauete, rief sogar einer von Mercina's Gesellpriestern den Nachbarn auf windisch zu: „s kaminom pobite ga, s kaminom etc.!" (d. h. „steiniget ihn, steiniget ihn!")

In der Ausübung seiner Amtspflichten war Spindler übrigens musterhaft pünktlich und bis in's Kleinste sorgfältig. So führte er z. B. durch viele Jahre die genaueste Rechnung über die Einnahmen und Ausgaben des Armenschülergeldes, welche er dann jährlich den Ständen vorlegte. Aber es konnte auch nicht aus-bleiben, daß eine so vielfache und angestrengte Thätigkeit seine Kräfte schon früh aufzehrte und seine Gesundheit untergrub. Er begann zu kränkeln und wurde (im Jahre 1589) sogar ernstlich krank. Die Landschaft verehrte ihm deshalb zur Unterstützung und Pflege ein Geschenk von 500 fl. (10. November 1589). Er machte zu seiner Erholung eine Reise nach Oesterreich, wo sein Bruder M. Thomas Spindler 1581—83 Oberprediger zu Linz gewesen und dort gestorben war. Auch in den letzten Monaten

1590 war der Leidende wieder schwer erkrankt und scheint sich nicht wieder erholt zu haben. Er starb gegen Ende des Jahres 1591, kaum 45 Jahre alt.

Spindler scheint zum zweiten Male mit einer Verwandten Primus Truber's verheiratet gewesen zu sein, denn dessen Sohn Primus Truber der Jüngere, Pfarrer in Kilchberg bei Tübingen, nennt ihn in Briefen seinen „Schwager." Auch hatte er außer den Kindern aus seiner ersten Ehe (Susanna, Christoph und Sophia) noch einen Sohn Namens Thomas, ge-boren 1577, welcher bereits 1590 in Tübingen die Schule besuchte und auf Verwendung der krainischen Stände (vom 7. April 1592) nach seines Vaters Tode in das dortige Stipendium aufgenommen wurde. Doch ward er (laut Berichts des Rectors der Universität an die krainischen Stände vom 7. März 1596) wegen Unfleißes und Lieder-lichkeit aus demselben wieder entlassen; später kehrte er nach Krain zurück, von wo er 1601 durch die Gegenreformation wieder vertrieben wurde. Er kam dann in die Herrschaft Limpurg, ward dort zu-erst Pfarrer in Mittelfischbach und 1609 in Sontheim, und starb im October 1634, während der damaligen Kriegsflucht, zu Schwäbisch-Hall, im 57. Jahre seines Alters.

## 4. Bartholomäus Simplicius.

Nach Christoph Spindler's Tode beriefen die krainischen Stände (zu Neujahr 1592) den Feldprediger der Ritterschaft
und des Kriegsregiments zu Karlstadt, Bartholomäus
Simplicius, zur Abhaltung von Probepredigten nach Laibach.
In Karlstadt standen nämlich Ritter und Adel aus Kärnten und Krain unter Herrn Andreas von Auersperg zu
Schönberg, Oberstem in „Crabatten", zur Vertheidigung des
gemeinsamen Vaterlandes gegen den Erbfeind. Da dieselben sich
fast alle zur evangelischen Kirche bekannten, und im Angesichte täg-
licher Lebensgefahr den Trost des Evangeliums nicht entbehren
wollten, so hatten sie nicht nur einige evangelische Feldprediger und
einen Schullehrer in Dienst, sondern sie gingen auch, besonders
auf des Obersten Betreiben, seit 1591 damit um sich eine eigene
Kirche und einen Friedhof zu verschaffen, wozu sie außer ihrer und
ihrer ganzen Gemeinde freiwilligen Beisteuer auch Liebesgaben von
den Landschaften und Privaten in Kärnten und Krain sammelten.
Die Gehalte der Kirchen- und Schuldiener in der Grenze wurden
übrigens ohnehin von der krainischen Landschaft im Kriegsetat der
Grenze mit ausgezahlt.

So war denn Simplicius in Krain nicht unbekannt, und
da seine Probepredigten gut gefallen hatten, wurde er (am 9. Januar 1592) vom Ausschusse als erster deutscher Prediger in
Laibach mit einem Gehalte von 250 fl. angestellt und ihm ein
Beitrag von 150 fl. zu seinen Uebersiedlungskosten dargereicht.
Mit einem Schreiben der Verordneten (vom 10. Januar 1592),
worin dieselben dem Herrn Andreas von Auersperg für
seine freundliche Bereitwilligkeit, ihnen seinen Feldprediger zu über-
lassen, dankten, und diesen entschuldigten, daß er durch ihre Schuld
seinen Urlaub etwas überschritten habe, kehrte Simplicius noch
einmal nach Karlstadt zurück, um dort seinen Dienst völlig

aufzugeben und seine Uebersiedelung nach Laibach zu bewerk=
stelligen.

Nachdem dieß geschehen, wirkte er in seiner neuen Stellung
als deutscher Pastor neben Felician Truber, welcher seit
dem Tode Dalmatin's (1589) und Spindler's (1591) der
älteste des Laibacher Ministeriums und Pastor der windischen
Kirche war. „Pastor" (minister) bezeichnete nämlich damals in
Krain (wie in Steier und Kärnten) den Oberprediger (oder Super=
intendenten) der Kirche, während sonst die Geistlichen nur „Predi=
canten" (ecclesiastes) genannt wurden. Erst im März 1594
wurde übrigens Simplicius auch im Gehalt (300 fl.) Tru=
ber'n gleichgestellt, nachdem er wenigstens um Ersatz des Haus=
zinses gebeten hatte.

Aber schon im Jahre 1593 war der neue Pastor schwer
und gefährlich erkrankt, wobei ihn die Landschaft mit einer Unter=
stützung von 30 fl. bedachte. Doch genas er wieder und wid=
mete sich auf's Neue seinen Amtsgeschäften, besonders der Abfas=
sung von Berichten in Kirchen= und Schulsachen. Namentlich be=
fürwortete er Fel. Truber's Antrag an die Stände, die von
seinem Vater, dem alten Prim. Truber, handschriftlich hinter=
lassene krainische Uebersetzung von Luther's Postille drucken zu
lassen. Allein im folgenden Jahre (1594) verfiel Simplicius,
dessen Gesundheit tief erschüttert war, abermals in eine neue
Krankheit, welche er nicht mehr überstehen sollte. Trotz der sorg=
samen Pflege seiner Gattin verschied er im Herbst 1594.

Seine hinterlassene schöne Büchersammlung, von welcher sein
Amtsgenosse Markus Kumprecht, Prediger in Laibach, den
Katalog angefertigt hatte und die von einem Sachverständigen auf
121 fl. 19 kr. geschätzt worden war, übernahm die Landschaft für
diesen Preis von der Witwe, um dadurch ihre Bibliothek zu
gemeinem Nutzen der hiesigen Kirche und Schule zu ver=
mehren.

# 5. M. Felician Truber.

Der alte Primus Truber hatte zwei Söhne, Primus und Felician; jener war in Rotenburg an der Tauber, dieser in Kempten geboren. Beide widmeten sich dem geistlichen Stande und erhielten ihre Ausbildung dazu im fürstlichen Stipendium zu Tübingen. Der ältere von beiden, Primus, ward nachher Pfarrer zu Kilchberg bei Tübingen, wo er 1591 starb. M. Felician Truber, der jüngere Sohn des krainischen Reformators, wurde im Herbst 1580 von Dr. Andreä und seinem Vater mit der Concordienformel nach Krain geschickt, um dort die Unterschrift zu erwirken. Bei dieser Gelegenheit hielt er zwei Probepredigten (13. und 16. Okt.) in der Spitalkirche, und wurde darauf von den krainischen Ständen als Prediger nach Laibach berufen. Als solcher predigte er zunächst in deutscher, später (1585, aber dann noch nicht fertig) auch in krainischer Sprache. Desgleichen nahm er in Folge seiner Stellung nicht nur (1581) an der Conferenz der Theologen und Philologen zur Revision der Dalmatin'schen Bibelübersetzung Theil, sondern unterzeichnete auch eine große Anzahl von Berichten und Gutachten des Ministeriums mit, z. B. den Antrag auf Schulreform (1581), das Gutachten über Frischlin's zweiten Schulplan (1583), die Referate über die Stipendiaten: Dan. Thlander und Greg. Prosser u. s. w.

Im Jahre 1585 (August) erhielt er drei Monate Urlaub, seinen alten Vater in Derendingen zu besuchen. Nach dem Tode des letztern (1586) machte er (1587) abermals eine Reise nach Würtemberg, vermuthlich in Familienangelegenheiten, wobei er jedoch auch für die Landschaft verschiedene Geschäfte bezüglich mehrerer Stipendiaten besorgte und den jungen Dan. Thlander mit sich nach Krain zurückbrachte. Nach Dalmatin's Tode erhielt er als der nächst Spindler älteste im Ministerium die erledigte Besoldung von 300 fl. (22. Januar 1590), erkrankte jedoch in Folge des angestrengten Dienstes nicht unbedeutend (im Mai 1590) und von Neuem im Winter (November und December 1590), so daß bei dem gleichzeitigen Siechthum Spindler's der Prediger Bartholom. Knaffel von Eck bei Krainburg, namentlich zu Weihnachten 1590, in Laibach aushelfen mußte. Als im folgenden Jahre (1591) Felician's Bruder Primus in Kilchberg gestorben war, begab sich jener mit einem Empfehlungsschreiben der Verordneten (vom 20. August 1591) an Herzog Ludwig von Würtemberg zur Regelung der Erbschaftsangelegenheiten abermals dorthin. Von da zurückgekehrt trat er mit dem deutschen Pastor Simplicius zugleich als windischer Pastor an die Spitze der evangelischen Kirche in Krain.

Vermuthlich war Felician Truber nach seines Bruders Tode durch Erbschaft in den Besitz von seines Vaters handschriftlicher Uebersetzung der Postille Luther's gelangt, und beantragte nun bei den krainischen Ständen die Drucklegung derselben (1594), wobei ihn des Simplicius Befürwortung nachdrücklich unterstützte. Obwol Felician Truber nach dessen Tode allein die Stelle eines Pastors oder Superintendenten bekleidete und daher seine Stelle nur schwer verlassen konnte, gedieh sein Plan doch zur Ausführung. Sobald er von den zahlreichen Geschäften seines Amtes und der Sorge für die Schule, wo die alten Uebelstände (Mißverhältnisse zwischen dem Rector, M. Jakob Präutel, und den Collaboratoren, u. dgl.) wieder stark hervorgetreten waren, nur einigermaßen abkommen konnte, reiste er mit Bewilligung des Landtags (vom 11. März 1595) und einer Empfehlung der Stände an den Herzog von Würtemberg (vom 6. Juni 1595) nach Tübingen ab. Dort ließ er zunächst die lutherische Postille (700 Exemplare Folio) und eine neue Auflage des Gesangbuches (300 Exemplare Duodez), so wie auch noch eine neue Ausgabe von Dalmatin's Gebetbüchlein (300 Exemplare Duodez) in krainischer Sprache drucken, welche Bücher sodann durch Vermittlung des als Chronisten berühmten M. Hieronymus Megiser, Rectors der evangelischen Landschaftschule in Klagenfurt, nach Krain befördert wurden. War Pastor Fel. Truber hierbei auch nicht weiter selbst literarisch thätig, als daß er deutsche Vorreden zu den genannten Werken schrieb, so erwarb er sich doch durch deren Herausgabe nicht geringe Verdienste um die evangelische Kirche in Krain und die krainische Literatur.

Von dieser Arbeit in der Ferne heimgekehrt, begründete M. Fel. Truber seinen eigenen Hausstand, indem er sich im August

1596 vermählte. Bei seiner Trauung hatten die Stadtmusikanten, alter Gewohnheit gemäß, seinen Hochzeitzug, an welchem viele vornehme Standespersonen Theil nahmen, freiwillig mit Musik zur Kirche begleitet. Nun war gerade damals ein landesfürstliches Verbot von dergleichen öffentlichem Festlärmen ergangen, jedoch fast noch Niemandem bekannt geworden. Vor und nach Truber's Hochzeit wurde auch von andern vornehmen „politischen" Personen solche öffentliche Musikbegleitung gebraucht; dieß geschah selbst von vornehmen Geistlichen der römischen Kirche zu Mannsburg, Lack und an andern Orten in Krain nicht allein mit derlei Musik, sondern mit noch viel Aergerlicherem, mit Geigen, Singen, Jubiliren, Juchzen, auch Springen und Tanzen, und nicht bloß bei Tag, sondern selbst die Nacht hindurch. Doch wurden gerade nur Truber und sein Amtsgenosse, der Prediger M. Georg Clement (der eben damals auch seine Hochzeit in gleicher Weise gefeiert hatte) deßhalb beim Landesfürsten, Erzherzog Ferdinand, angezeigt. Dieser befahl darauf (Gräz, den 14. October 1596) dem Landesverwalter in Krain, Herrn Niklas Bonhomo von Wolfspühel und Mannsburg, diese beiden evangelischen Prediger, besonders Truber'n, als Uebertreter seines Mandats, wegen dieses „Skandals" in eine starke Geldstrafe zu nehmen. Truber wandte sich deßhalb mit der Bitte, sich seiner hierin anzunehmen, an die Stände, da er vor Gott bezeugen könne, von solchem Verbote nichts gewußt zu haben, die Musikanten nach wie vor seiner Hochzeit hin und wieder bei allen hochzeitlichen Freuden gebraucht würden, dieselben sich ihm auch ungebeten angetragen hätten, woraus erhelle, daß auch sie von dem landesfürstlichen Verbote nichts gewußt, wie denn auch keine der anwesenden Standespersonen es ihm widerrathen habe.

Die Stände verwendeten sich hierauf für Truber'n, welchem (wenn nicht schon seinem Vater) die Landmannschaft in Krain verliehen worden war, beim Landesverwalter. In einem ernsten, zuvor vom Grafen Achaz von Thurn in Kreuz (Erbmarschall der fürstlichen Grafschaft Görz), dem alten Beschützer der Truberschen Familie, durchgesehenen Schreiben (6.—12. December 1596) entschuldigten sie ihren Pastor auf's Beste; zugleich aber bemerkten sie, daß eine solche landesfürstliche Bestrafung eines der Ihrigen wider ihre Landesfreiheiten laufe, da die Landschaft allein über ihre Leute Recht zu sprechen habe und selbst bußfällig Gewordenen ihre Strafe aus Gnaden mildern könne. Welchen Erfolg diese Intercession der Stände hatte, ist nicht bekannt, allein kommende größere Ereignisse warfen in diesen kleinern ihre Schatten voraus.

Unter mancherlei zeitraubenden und anstrengenden Geschäften, wie Bemühungen um Neubesetzung der Rectorstelle an der Landschaftsschule, kirchlichen Gutachten, Besorgung und Verrechnung der durch ihn zum Druck besorgten Bücher und eigentlichen Amtsgeschäften seiner Predigerstelle, verfloß Fel. Truber'n dieses und das folgende Jahr (1597). Im Beginne des neuen Jahres (13. Februar 1598) kaufte er sich ein eigenes Haus in Laibach von Greg. Wiegand, am Platz, zwischen gemeiner Stadt Zeughaus und Albr. Glim's Häusern an der Ringmauer beim Laibachfluß gelegen. Dieser Umstand schon beweist, wie wenig man damals noch in Krain ahnte, welch schweres Schicksal der evangelischen Kirche dieses Landes bevorstand.

Da erging am 8. August 1598 ein landesfürstlicher Verhaftsbefehl gegen Fel. Truber und seine Amtsgenossen in Laibach, Georg Clement und Mark. Kumprecht. Im September kamen auch aus Steiermark die traurigsten Nachrichten über die Maßregeln, welche Erzherzog Ferdinand gegen die Protestanten in Gräz und die Freiheiten des Landes in's Werk setzte. Am 13. September 1598 hatte nämlich derselbe den steirischen Ständen befohlen, binnen 14 Tagen alle evangelischen Prediger abzuschaffen und alle evangelischen Gottesdienste und Schulen einzustellen. Schnell folgte Schlag auf Schlag, wie in Steiermark, so in Krain. Kurz vor dem 26. Oktober 1598 erließ Erzherzog Ferdinand (später als Kaiser: Ferdinand II.) Befehle an den Landeshauptmann und den Vicedom, an die Verordneten und an die evangelischen Prediger in Laibach, worin derselbe den letztern, so wie den evangelischen Lehrern bei Lebensstrafe gebot, am Tage der Kundmachung vor Sonnenuntergang Laibach, und binnen drei Tagen alle Länder des Erzherzogs zu verlassen. Am 26. Oktober 1598 setzte der Erzherzog den (1597) erwählten Bischof und Dombechanten von Laibach Thomas Kreen (Sohn des evangelischen Rathsherrn und gewesenen Bürgermeisters von Laibach Leonhard Kreen) mit dem Auftrage in Kenntniß, die Ausführung dieses Befehls zu überwachen und Acht zu geben, daß sich nicht wieder lutherische Prediger und Lehrer einschleichen. Der Befehl wurde

am 30. Oktober 1598 in Laibach publicirt, und **Thom. Kreen**
konnte, als er am 5. November 1598 des Erzherzogs Schreiben
(vom 26. Oktober) an der Savefurt (bei Tschernutsch?) erhielt,
mit Recht eigenhändig darauf bemerken: „octiduo post rem per-
actam"; hatte er doch bereits am 2. und 3. November sich in
Procession in die Elisabethkirche begeben, die dort vorfindlichen
evangelischen Bücher zerrissen und Messe daselbst gelesen.

Unter solchen Umständen hatte natürlich auch Pastor **Fel.
Truber** die Stadt Laibach verlassen müssen, doch hielt er sich
noch längere Zeit im Lande auf und lebte 1599 „zu Enk, bei
Herbart von Lambs" (zu Egk bei Herbart von Lamberg?). Zu
diesen und ferneren höchst betrübenden Befehlen des Erzherzogs
kamen zugleich noch andere Plagen, um die Leiden des Landes voll
zu machen. Türkenschaaren streiften (1598) durch Krain, selbst
bis vor „Klein=Laibach", wobei unter Anderen ein Herr von Lam=
berg gefangen weggeführt ward. Auch die Pest, von einem Stu=
denten aus Kärnten nach Laibach eingeschleppt, begann wieder ver=
heerend aufzutreten, so daß (1599) die Aemter, die Gerichte und
die „ordentliche Post" nach **Stein** verlegt werden mußten. All=
gemeine Trauer und Noth herrschte im Lande. Unter so schweren
Verhältnissen hielten die evangelischen Landstände (im Januar 1600)
eine Zusammenkunft in Laibach. Von hier aus fertigten sie noch=
mals einen eigenen Courier mit einem Bittschreiben an den Erz=
herzog ab, damit dieser ihre Prediger weiter ruhig im Lande ver=
bleiben lasse, oder (falls dies nicht zu erlangen) ihnen wenigstens
einen geraumen Termin zum Abzug aus dem Lande bewillige und
die Confiscirung ihrer Behausungen in Laibach einstelle, weil sie
nichts verschuldet. Da sie aber selbst besorgten, der Landesfürst
werde nur das letzte gestatten, so gaben sie dieß (Laibach, 13. Ja=
nuar 1600) dem Pastor **Fel. Truber** und den Predigern M.
**Georg Clement** und M. **Hans Snoilschek** mit dem Rathe
bekannt, sich auf den Abzug zu rüsten, da die Stände ihnen im
Lande sobann keine sichere Herberge mehr zu „erhandeln" müßten.

Inzwischen wurde der evangelische Prediger zu **Seisen=
berg**, Christ. **Slivetz**, ein 70jähriger Greis (im Januar 1600)
durch den Vicedomischen Landrichter mit Gewalt aufgehoben und
gebunden auf das Schloß zu Laibach in's Gefängniß gebracht. Die
Prediger **Georg Clement** und **Dan. Ihlander** entgingen dem
gleichen Schicksale nur dadurch, daß die Verordneten deren Be=

schützer, Herrn Lorenz Parabeiser und Herrn Georg Andreas Ka=
zianer, heimlich („cito citissime") warnen ließen. Fel. Truber
und H. Snoilschek aber hatten sich nach Reutenberg begeben,
wo sie für den Augenblick noch unter dem Schutze der Lamberger
in Sicherheit waren. Von Reutenberg aus antwortete Fel.
Truber den Verordneten auf ihr Schreiben (vom 13. Jan. 1600)
am 14. Februar 1600: „er habe, da wenig Hoffnung sei im Lande
bleiben zu können, alsbald nach Empfang ihres Briefes beschlossen
sich mit den Seinigen nach Tübingen zu begeben, von wo man ihn
1580 berufen, wiewol es ihn wegen seiner kleinen Kinderlein und
seiner Leibesschwachheit hart ankomme, eine so weite Reise in so
tiefem Schnee, Kälte und hartem Winter zu verrichten. Nun sei
ihnen unverborgen, daß man, wenn es dahin komme, daß man Hab
und Gut, und was man lang härtiglich erspart, verlassen und in
fremde Orte ziehen müsse, der Hilfe frommer, gutherziger Christen
bedürfe. Er zweifele auch nicht, daß sie ihrer gegen alte, wohl=
verdiente Kirchendiener stets bewiesenen Güte und Mildigkeit gemäß
jetzt auch ihn bei seiner Verfolgung und Abschied neben einem
Viaticum und jährlichem Gnadengeld auch mit einem Testimonium
über seine Lehre, Leben und Wandel an Herzog Friedrich von
Würtemberg und an die löbliche Universität zu Tübingen bedenken
würden, in Betracht, daß er nun viele Jahre in beiden Sprachen
treue Dienste geleistet, und daß er seine besten Jahre bei ihrer
Kirche zugebracht, so daß er sich hinfür (sonderlich wegen
seines langwierigen Katharrs, der ihn unnachlässig molestire)
nicht mehr so wie bisher zu dienen getraue. Seine theils erkauf=
ten, theils bei seiner Ankunft in Laibach von der Landschaft (weil
sie seinem seligen Vater gehört) erhaltenen, theils von derselben
an baaren Geldes Statt angenommenen Bücher (nämlich für etwa
200 fl. Exemplare der windischen Bibel, Postille, Gesang= und
Gebetbücher) lasse er ihnen im Landhause in vier Fässer einge=
schlagen, weil sie in diesen kummervollen und gefährlichen Zeiten
manchem armen, bedrängten, verfolgten und angefochtenen Herzen
dienlich und tröstlich sein könnten, während es ihm unmöglich sei,
sie auf einem so weiten Wege mit sich zu führen. Dafür möchten
sie ihm, wie sie Andern gethan, nach ihrem Wohlgefallen eine
kleine Hilfe zu Erkaufung anderer nützlicher Bücher widerfahren
lassen. Schließlich, weil er ihnen, als seinen gnädigen gebietenden
lieben Herren, Schäflein und Zuhörern, gegenwärtig nicht valedi=

5

ciren könne, wolle er's hiermit schriftlich gethan haben, unterthä=
nigst bittend, ob er wol sich nicht bewußt, daß er Jemand, hohen
oder niedern Standes, mit seinem Lehren, Thun, Leben und Wandel,
die Zeit er bei ihnen gedient, offendirt, geärgert oder beleidigt
hätte, jedoch, wo solches ohne sein Wissen geschehen wäre, weil er
auch ein Mensch und so wol als Andere straucheln, fehlen und
sündigen könne, aus christlicher Liebe ihm solches vergeben zu
wollen. Er bitte Gott, daß er ihnen und den Ihrigen langwie=
rige Gesundheit, glückliche Regierung und starken Sieg wider den
Erbfeind, den Türken, verleihen, sie, ihre geliebten Kinder und
Nachkommen vor der Finsterniß bewahren und bei der einmal
erkannten Wahrheit des heiligen, alleinseligmachenden Evangelii
erhalten und ihnen endlich aus Gnaden die Krone der Ehre und
die ewige Seligkeit geben wolle!"

Die Verordneten übersandten Fel. Truber'n hierauf (25. Fe=
bruar 1600) einen Jahresgehalt als Abfertigungssumme, ein Testi=
monium und ein an alle evangelische Fürsten lautendes Empfehlungs=
schreiben, und versicherten ihn, wie herzbetrüblich ihnen sein Abschied sei,
und wie sie ihn auch gern im Land erhalten möchten; da es aber trotz
alles Flehens nicht sein könne, so müssen sie es sammt ihm dem
allweisen Gott befehlen; eine besondere Empfehlung an den Herzog
von Würtemberg halten sie bei der ertheilten allgemeinen für über=
flüssig, würden ihm dieselbe jedoch, falls er sie nochmals begehre,
unweigerlich ausstellen; auch hätten sie ihm gern, so lange er ohne
Dienst sei, ein jährliches Gnadengeld ausgesetzt, weil es aber künftig
aus der Landeskasse nicht mehr angehe, er auch hoffentlich nicht
lange dienstlos bleiben werde, so möge er sich mit dem Uebersandten
begnügen; seine Bücher wollten sie um den gebührlichen Werth
annehmen und ihm oder den Seinigen die Bezahlung erfolgen lassen.
— In der That übernahm die Landschaft seine Bücher um den
Schätzungspreis von 170 fl. 52 kr., wovon 8 fl. Steuer auf's
Rathhaus entrichtet werden mußten, und stellten ihm dafür einen
Schuldbrief über 162 fl. 52 kr. aus. Desgleichen übernahmen
sie mittelst Schuldbriefes an ihn sein Haus in Laibach (worüber
sie später noch manche Verhandlungen mit dem Landesfürsten
hatten).

Fel. Truber schrieb hierauf nochmals an die Verordneten
(Reutenberg, 9. März 1600) und bat sie um eine besondere
Empfehlung an den Herzog von Würtemberg, welchem bei dieser

Gelegenheit für die vielen der krainischen Kirche erwiesenen Wohl=
thaten zu danken ihm passend erscheine; daß er um ein jährliches
Gnadengeld gebeten, möchten sie ihm zu gut halten; er habe es
gethan, weil ihre Vorfahren früher allen verdienten Lehrern es
gegeben; auch habe er für den Druck der windischen Postille keine
„Verehrung" begehrt. noch nach Herrn Spindlers Ableben um
dessen Provision gebeten (wie er wol Fug gehabt), sondern sich
mit dem ihm ertheilten salario begnügen lassen, verhoffend, man
werde ihn deß in seinem Alter bei Leibesschwachheit und Unver=
mögen genießen lassen; da das aber nicht sein könne, man ihm
auch sein Haus und seine Bücher für baares Geld abgenommen
habe, so sei er damit zufrieden und bedanke sich dafür.

Demgemäß ertheilten ihm die Verordneten (30. März 1600)
noch eine besondere Empfehlung an den Herzog von Würtemberg,
wie sie denn ihn und andere Prediger bereits früher (15. März 1600)
auch an den Herrn Einnehmer in Kärnten Wolf Meyer wegen
etwaiger Geld= und Wechselangelegenheiten empfohlen hatten.

Einige Schriftsteller erzählen, daß M. Fel. Truber, M.
Georg Clement, M. Hans Snoilschek und M. Nikol. Wu=
ritsch, als die letzten in Krain noch gefundenen evangelischen Pre=
diger, aufs Schloß zu Laibach gefangen gesetzt worden seien, eine
Nachricht, deren Wahrheit für jetzt dahin gestellt bleiben muß. Gewiß
ist, daß Fel. Truber mit seiner Familie nach Würtemberg aus=
wanderte, wo er Pfarrer zu Grünthal wurde. In seiner Ge=
schichte spiegelt sich das Schicksal aller übrigen evangelischen Pre=
diger in Krain zur damaligen Zeit ab.

So endete unter Felician Truber (1598) die evangelische
Kirche in Krain, die unter seinem Vater Primus Truber (1561)
ihren Anfang genommen hatte. Aber so wie es schon lange vor
der Gründung der evangelischen Kirche in diesem Lande Pro=
testanten gegeben hatte, so gab es hier noch lange nach der Zer=
störung derselben Anhänger des evangelischen Glaubensbekenntnisses.
Man darf durchaus nicht meinen, daß durch die gewaltsame Gegen=
reformation des Jahres 1601, bei welcher der Bischof Thomas
Kreen, der Landeshauptmann Georg Freiherr von Lenko=
witsch, der Landesvicedom Joseph Rabatta Freiherr von
Dörnberg und Herr Philipp Kobenzl Freiherr von
Prossek und Luegk als landesfürstliche Commissäre fungirten,
das ganze Land alsbald wieder katholisch geworden sei. Es läßt

sich dieß auch schon aus des Bischofs Kreen Bericht an Papst Paul V. (vom 22. Juli 1616?) schließen, worin er meldet, daß vor 1599 von den Bewohnern der Stadt Laibach sich kaum noch der zwanzigste Theil, und auch dieser nur aus der niedersten Volksklasse, zum katholischen Glauben bekannt habe. In der That war die sogenannte Religions-Reformations-Commission in den Jahren 1614 — 18 unausgesetzt thätig, um endlich mit aller Strenge die Protestanten zu unterdrücken, was auch bei Manchem (wie Bischof Stobäus von Lavant schreibt) aus Furcht vor der Strafe gelang. Vom Adel hatte Bischof Kreen bis 1626 trotz aller Bemühungen nur erst 12 Personen für die katholische Kirche wiedergewinnen können; da erfolgte (Wien, 1. August 1628) der kaiserliche Befehl, daß alle „unkatholische Herren und Landleute, auch andere Adels-, Manns- und Weibspersonen" sich binnen einem Jahr außer Landes begeben sollten. Dennoch war die Religions-Reformations-Commission noch im Mai 1642 beschäftigt, evangelische Edelfrauen und Fräulein, wie Frl. Kathar. Raumbschüssel, zwei Frl. Hasiber, Frl. Felicitas Apfalter, Fr. Amalie Pelzhofer, geb. Raumbschüssel, Witwe, Fr. Anna Maria Kanischer, geb. Wernek, Witwe, Fr. Katharina Barbo, geb. Gall, Witwe, und ihre Frl. Töchter, Fr. Katharina Schweiger, Frl. Justina Schwab, Frl. Lucretia Raumbschüssel vorzuladen, sie zu belehren oder zu verbannen. —

Gegenwärtig zeugen nur noch spärliche Denkmale in Krain von dem Dasein und der Blüthe der evangelischen Kirche in diesem Lande während des sechzehnten Jahrhunderts.